AF473640

Montmartre. — Imprimerie Pilloy.

POURQUOI

J'AI ÉTÉ

RÉPUBLICAIN

POURQUOI

JE NE LE SUIS PLUS.

POURQUOI

J'AI ÉTÉ

RÉPUBLICAIN

POURQUOI

JE NE LE SUIS PLUS.

PAR M. MARCHAL,

AUTEUR DE L'HISTOIRE DE S. S. PIE IX, ETC.,

DÉTENU POLITIQUE A SAINTE-PÉLAGIE

Pour *attaques aux institutions républicaines.*

PARIS

1854.

I

Je viens, une fois pour toutes, entretenir le public de moi.

En France on aime beaucoup, on aime trop les personnalités ; je l'ai rudement éprouvé, car nul plus que moi n'a été victime de calomnies odieuses.

Je m'en console, depuis surtout que la lumière éternelle a lui dans mon âme, depuis, pour tout dire, que je suis converti.

Converti! mot qui sonne mal aux oreilles des libres penseurs, des philosophes, des rationalistes, et surtout des démocrates.

Mais il m'importe peu ; je ne relève que de l'Église catholique, apostolique et romaine, qui a pardonné les erreurs que je confesse ici, et qui a béni mes efforts dans le bien.

L'Église seule, en effet, est un tribunal sans passion, sans colère; c'est le Saint-Esprit qui juge, condamne et absout par sa bouche.

Je me soucie donc peu des injures, des calomnies des révolutionnaires, libéraux, protestants, juifs, démocrates, tous ennemis de l'Église; mais je tiens à l'estime des honnêtes gens ; c'est pour eux que ces lignes sont écrites, pour eux seuls.

II

Donc, voici :

En 1845 j'étais républicain. Ce n'était point un crime comme aujourd'hui; car aujourd'hui que nous avons vu la République fonctionner, être républicain c'est être l'ennemi de la religion, de la famille et de la propriété.

Le gouvernement de Louis-Philippe, que la République nous a fait tant regretter, était un gouvernement matérialiste, immoral et sans principes. C'était le gouvernement des égoïstes; son origine était impure, sa chute était imminente.

Ce gouvernement opprimait l'Église; il nous avait livrés, nous, jeunes gens, à une université d'incrédulité immorale et corrompue, qui nous a dépravés, qui a fait de nous des républicains et des rationalistes.

Cette incrédulité nous a corrompus; elle nous a appris à honorer Brutus, Voltaire, Rousseau, Béranger, tous les révolutionnaires. Elle nous a appris à mépriser les *jésuites*, l'*ultramontanisme*, la Religion. Elle a fait de nous des petits pédants, des petits orgueilleux, des petits libres penseurs. Avec une telle éducation, je ne pus être que républicain; je le fus, mais sincèrement. O honte et remords! Je crus à la République, je crus surtout à la fraternité démocratique, enfin, je donnai dans toutes les erreurs, dans toutes les folies de cette époque misérable.

J'étais sincère, Dieu m'en est témoin.

En 1845 donc, étant républicain, je publiai un livre intitulé : *La famille d'Orléans.*

J'avais recueilli contre cette dynastie tout ce que l'histoire et les mémoires rapportent. Il y avait dans ce livre de la vérité et de la passion. Je fus traduit en cour d'assises et condamné à cinq ans d'emprisonnement, pour avoir attaqué cette dynastie, qui trois ans après, juste jour pour jour, fut ignominieusement renversée, comme ignominieusement elle s'était élevée.

C'était justice, après tout, car rien ne dure de ce qui s'élève contre l'Église; je l'ai bien vu depuis !

III

En 1848, le 26 février, j'étais encore, pour ce livre, détenu à la citadelle de Doullens, en compagnie d'honnêtes républicains qui s'exécraient *fraternellement, démocratiquement* les uns les autres; ce jour brisa mes fers. J'accourus à Paris, plein d'illusions encore, rempli de courage et de dévouement, croyant encore à la République, malgré les divisions auxquelles j'avais assisté dans la prison même, entre les *frères et amis.*

J'étais toujours républicain, mais en même temps j'étais déjà redevenu catholique. Ma mère, une pieuse chrétienne, depuis rappelée par Dieu, ma tendre mère, désespérée de me voir dans cette voie infâme dans laquelle m'avait jeté l'Université, avait été trouver le R. P. Lacordaire. Elle lui avait raconté l'état douloureux de mon âme et lui avait demandé ses immortelles *Conférences;* et lui, le saint prêtre, le tendre dominicain, si grand et si humble, si près de Dieu et si loin de nos passions viles, il avait entendu le cri de cette âme pieuse.

Il était venu à mon secours, alors que j'étais à bout de mon courage, alors que j'étais vaincu par le vieux serpent, alors que le désespoir s'emparait de moi. Grâce à lui je connus, j'aimai la vérité ; grâce à lui je devins fort contre le mal.

O mon père! que ne me suis-je rapproché de vous plus tôt! Est-ce donc quand tout nous manque et nous abandonne que nous devons avoir recours aux hommes de Dieu?... O mon père! vous qui hier encore vîntes dans mon cachot m'apporter les suprêmes consolations de notre religion divine, soyez mille fois béni!

IV

Désolée donc de me voir sans consolations supérieures, ma tendre mère alla trouver ce bon prêtre; il la reçut comme l'eût fait saint Vincent de Paul ou saint François de Sales, comme l'eût fait le Christ lui-même. Elle lui demanda ses œuvres pour le pauvre incrédule, et il dit *oui* à cette pauvre chrétienne, et elle s'en fut toute heureuse.

Ces *Conférences* me parvinrent. Que vous dirai-je? Je fus converti. Comment s'opéra cette transformation, œuvre de la grâce, je ne saurais le dire. Ce qui est certain, c'est que ma misérable raison fut terrassée par cette parole remplie d'autorité.

Je jurai dès lors de réparer avec ma plume tout le mal qu'elle avait fait; et j'ai bien tenu parole, allez!

V

Lorsque j'arrivai à Paris, en sortant de la citadelle de Doullens, une poignée d'hommes s'étaient nommés *Gouvernement provisoire* et s'étaient permis de proclamer la République sans consulter la nation et sans égard pour les vieilles et nobles traditions monarchiques; c'étaient Lamartine, un phraséologue; Ledru-Rollin, un faux Danton; et les autres, le marchand d'huiles Garnier-Pagès; le faux bonhomme, Dupont de l'Eure; les faux ouvriers Albert et Louis Blanc; le sténographe Flocon; l'embastilleur Marrast; Pagnerre, le bouquiniste de la démagogie; Barthélemy Saint-Hilaire, un faux savant du collége de France; le juif Crémieux; enfin, Marie, l'avocat de la Comédie-Française et du *National*. On vendait déjà les portraits de ces hommes; ils avaient des têtes hideuses, à l'exception de M. de Lamartine, mal à l'aise en cette compagnie.

Ces personnages sans mandat régnaient à l'Hôtel-de-Ville; quelle honte pour cette grande nation!

Leur cupidité sans bornes n'était égalée que par leur immoralité et leur incapacité politique.

Tout le monde gouvernait avec eux; les

révolutionnaires étaient tout-puissants, les honnêtes gens attérés; on plantait de force des *arbres dits de liberté*, qui interceptaient la circulation; on ouvrait les portes de la prison de Saint-Lazare aux filles de joie et aux voleuses, au nom du *peuple souverain;* on obligeait les paisibles habitants de la cité à illuminer en signe d'allégresse pendant qu'on les dépouillait; on créait l'*impôt des quarante-cinq centimes;* on envoyait une bande de vauriens pour infliger la République à la Belgique catholique et royaliste; on publiait des bulletins farouches rédigés par des tribuns ivres et des *bas-bleu* habillés en hommes, par des avocats violets et des courtisanes qui s'étaient installés au pouvoir où ils donnaient le spectacle de toutes les cupidités, de toutes les luxures et de toutes les extravagances; riant entre eux, le verre à la main, de ce peuple imbécile qui souffrait qu'ils fissent ainsi en son nom ; on faisait des discours au Luxembourg, à l'Hôtel-de-Ville, des discours et pas un seul acte honnête, généreux, patriotique ; le gouvernement provisoire distribuait des armes et l'argent du peuple à Mazzini et aux autres *bravi* des sociétés secrètes, afin qu'ils allassent porter la guerre civile dans toute l'Europe. Ces *condottieri* n'y manquèrent pas, et ce furent ces armes-là que nos soldats trouvèrent contre leurs poitrines quand, quelques mois après, le prince Louis-Napoléon les envoya, au nom de la France catholique, délivrer les Romains du joug des barbares communistes, et restaurer l'adorable gouvernement de Sa Sainteté Pie IX !...

A chaque heure c'étaient de nouvelles *manifestations*, de nouveaux désordres, de nouveaux attentats; on démolissait, on démolissait sans construire ; car le crime a beau faire, il peut couvrir le sol de ruines et l'arroser de sang, il ne fonde rien! On créait les *ateliers nationaux*, nouveau prétexte pour mettre le trésor au pillage; on envoyait des énergumènes en province pour installer la République, et, pour représenter la France à l'étranger, des hommes tarés, et jusqu'à des marchands de luxure!.. Des tas de *réformateurs*, les poches pleines de programmes socialistes, le poignard et le fusil au poing, l'injure et le blasphème à la bouche, se ruaient sur la société avec ces rires cyniques et sans pitié qui n'appartiennent qu'aux démons de la révolution, futurs démons de l'enfer?

En présence de ce carnaval sanguinaire, de toutes ces passions féroces excitées et encouragées par les clubs et la presse démocratique, était-il possible à un honnête homme de conserver aucune illusion sur la révolution, toujours la même, et de demeurer républicain? Quelques-uns l'es sayèrent; c'est pourquoi, dans les journées de juin, on entendit crier : *Vive la République!* des deux côtés des barricades. Mais les *vrais* républicains, les républicains *logiques*, étaient derrière; ceux-là comprenaient la République telle qu'elle doit être, c'est-à-dire démocratique et sociale, la République de Robespierre, de Marat et des communistes.

Des bandes rappelant la terreur, hurlaient : *Vive la République! vive Caussidière! vive Louis Blanc!* pillaient les châteaux royaux et les propriétés particulières. Les *clubs* appelaient le peuple à l'athéisme et au carnage, au sac de la société. Dans ces réunions sanguinaires, je payais chaque jour de ma personne, ainsi que M. le vicomte d'Arlincourt me le rappelait, en m'accusant réception, lors de son apparition, de ma brochure : *Fin de la République* : « Je vous remercie, me disait-il, dans une lettre, de l'aimable envoi que vous m'avez fait de votre nouveau livre, et je le lis avec un véritable intérêt.

« Les calomnies dont vous avez été l'objet ne pourraient me faire oublier le plaisir que j'éprouvais à vous écouter, après le désastre de 1848. »

M. le vicomte d'Arlincourt était du nombre des honnêtes gens devant lesquels je combattais à toute heure et en face la révolution triomphante.

VI

Ces entreprises de la démagogie m'avaient complétement détaché du parti républicain, opinion inconciliable avec mes sentiments religieux.

J'étais indigné, toutes les fois que j'assistais à quelques-uns de ces actes si odieux qui déshonorèrent cette époque lamentable, et je ne manquais jamais de faire les efforts les plus énergiques pour détourner le peuple de ces infamies et pour démonétiser ceux qui se disaient ses chefs et commettaient, en son nom, tant de crimes.

J'ai tout vu et j'ai protesté contre tout. En mai 1848, lorsque les *clubs* envahirent l'assemblée nationale, j'étais là encore. Comment je me conduisis dans ce jour? ce sont les journaux de l'époque qui, le 16 mai 1848, publiaient l'article suivant :

« Hier, M. Charles Marchal, ex-détenu politique, actuellement journaliste, a fait des efforts courageux pour empêcher les insurgés de violer l'Assemblée nationale. Dans la lutte, il a été blessé au cou, et a reçu d'un de ses codétenus, à la citadelle de Doullens, un coup de couteau à la main. Ces blessures n'ont pas empêché M. Marchal d'exécuter l'ordre écrit qu'il avait bien voulu accepter de M. Degoussée, questeur, d'aller faire battre le rappel dans la deuxième légion, pour que la garde nationale vînt protéger l'Assemblée. »

Je marchai avec une légion, cette fois comme plus tard en juin, comme toujours.

Dans les élections, je me conduisis de même; je fis mon devoir de bon citoyen, de chrétien. Je voyageai pour l'élection du prince Louis-Napoléon, candidat de l'ordre, et fis également tous mes efforts, à la tribune, dans les réunions électorales et dans la presse, pour faire triompher le candidat des honnêtes gens.

Que pouvaient m'opposer les républicains? La calomnie. Ah! les malheureux! ils s'y sont amplement vautrés!

Et pendant qu'ils disaient que je travaillais aux élections réactionnaires avec l'argent de la *police* et des *jésuites* (toujours les jésuites!), la circulaire suivante, émanée d'un spéculatenr démocrate, me tombait entre les mains :

« ENTREPRISE GÉNÉRALE D'ÉLECTIONS.

« L'administration s'engage, à forfait, à *faire* réussir ou *échouer* les candidatures ; elle se charge de tous les frais et démarches, des affiches, bulletins d'élections, professions de foi, appels au peuple, articles de journaux, réclames, panégyriques, pamphlets contre les adversaires.

« L'entreprise a des commis-voyageurs électoraux bien lancés et bien appuyés, ayant la plume et l'éloquence, qui voyagent par toute la France et se portent comme des légions, sur tous les points où il s'agit de combattre ou de faire triompher une candidature.

« On traite de gré à gré. »

Je pourrais citer les noms de ces entrepreneurs; mais plusieurs ont abandonné ces voies et sont rentrés dans le bien. Je crois aux conversions, je me tairai.

C'était là une industrie étrange ; plusieurs personnes y furent prises. L'*administration des élections*, ou encore l'*entreprise générale*, prenait de l'argent de toutes les mains, mais elle n'appuyait en réalité que les démocrates.

VII

Je fus le témoin opposant, non passif, de bien d'autres infamies.

Pour moi, catholique, toutes ces violences sacriléges: le pillage du Palais-Royal, des Tuileries, de Neuilly, mai et juin 1848, etc., toutes ces fureurs n'étaient que la mise en action des enseignements de la tribune, du journalisme, de la comédie, de la chanson, du pamphlet et de la chaire universitaire; c'était l'œuvre des libres penseurs, des écrivains, des politiques, des professeurs bravant l'honnêteté et la morale, des *beaux esprits*, des romanciers, des historiens révolutionnaires, des *gais compagnons*, comme ils s'appellent, ces matérialistes, ces héros à jamais déshonorés de la révolution et de l'athéisme. J'y voyais bien aussi la main de Luther et de Calvin, de tous les hérétiques, en un mot de tous les révoltés.

Eh bien! malgré ses fureurs, la révolution de 1848 fut moins infâme encore que celle de 1830; elle ne pilla pas, comme le *libéralisme philosophique*, l'Archevêché de Paris, crime plus horrible que les plus horribles crimes, *abomination de la désolation*, selon l'énergique parole de l'Ecriture.

A chacun la part de solidarité qui lui revient dans les forfaits révolutionnaires.

Le *libéralisme* n'est pas moins impitoyable dans ses persécutions contre notre sainte mère l'Eglise que le *radicalisme* lui-même.

Fait bien significatif : au commencement du règne de Louis-Philippe, un voltairien, la magistrature libérale et rationaliste avait fait enlever l'image de Dieu des salles des tribunaux. Les élèves de Voltaire se conduisent, vis-à-vis de la religion, comme ceux d'Hébert et de Marat !....

Les traits caractéristiques de la révolution, quelle qu'elle soit, c'est l'athéisme, le ridicule et l'impuissance.

La chute du gouvernement de 1830 par les barricades était logique, puisqu'il s'était élevé par et sur les barricades.

Et qui ne verrait pas dans cette usurpation humiliée, la main de la divine providence, serait bien aveugle ! Il y a là une haute leçon pour les nations catholiques, c'est qu'on n'édifie pas solidement un trône sur des barricades et sur le rationalisme.

Tel est l'enseignement religieux qu'il convient de tirer de ces événements.

Le sac des Tuileries en 1848 fut le châtiment du pillage de l'Archevêché en 1830.

VIII

Ces réflexions ne m'empêchaient pas de haïr les ambitieux de 1848, les *héros de Février*, dignes successeurs des *héros de 93*, flot impur, flot révolutionnaire, couvrant de son limon la noble fleur de la liberté dans la France ensanglantée et brisée.

Je les vois encore ces utopistes, ces meneurs des sociétés secrètes, ces agents du diable, ces *réformateurs* d'une détestable moralité, je les vois encore comptant dans leurs mains sales l'argent volé au peuple! Etres sans religion, partant sans morale et sans force contre l'épreuve, malheureux s'abandonnant aux hasards de la convoitise sans freinde leur corps et de leur esprit.

L'orgueil et l'envie, la soif de la jouissance et de la domination, les révolutions religieuses, politiques et sociales n'ont pas d'autre principe.

La dégradation morale entraîne la dégradation physique. Ces hommes là étaient hideux à voir! ils affectaient un cynisme dégradant. Ils ressemblaient à des diables échappés de l'enfer dont ils avaient les fureurs et les blasphèmes.

Ces débris de chrétiens habitent ces rues étroites, obscures qui servent de repaire aux filles de joie, aux libertins et aux malfaiteurs, bas-fonds les plus fangeux de la bohême; écuries d'Augias que la police n'osait nettoyer, ruelles infectes où la démocratie, la luxure et le vol se donnent rendez-vous.

C'est dans ces repoussantes tavernes que les conspirateurs des sociétés secrètes, — vrais coupe-gorges, — c'est là qu'ils passent le temps de leur vie qui n'est pas employé dans les clubs et aux manifestations tumultueuses. C'est de là que les révolutionnaires s'abattent sur la cité émue et surprise comme des vautours sur leur proie.

On les voyait, le soir, ces communistes qui attendaient 1852 pour piller la France, on les voyait sortir par groupes des lieux de débauche, en hurlant des chants érotiques et des chants républicains, les uns et les autres allant, ici comme ailleurs, ordinairement de paire.

IX

J'avais à combattre cette bande, la joie honnête qu'on a à faire la guerre aux loups, dont il importe de débarrasser les populations. J'ai bien le droit de les flétrir à cette heure qu'ils sont vaincus, moi qui leur ai jeté mon mépris à la face alors qu'ils étaient debouts et armés. Et puis, gardons-nous de nous attendrir, car ils conspirent encore dans l'ombre. L'attitude des réfugiés de Londres et des démocrates avancés, qui s'agitent parmi nous dans tous ces complots, est un avertissement pour la société de ne se point endormir dans une quiétude funeste et une imprudente sécurité!...

X

Comme je le disais, je n'ai point attendu la chute de la Montagne pour me déclarer contre elle. Dès que j'eus assisté à l'orgie de février, je fis la guerre à la révolution et à l'athéisme ; je brûlai publiquement mes vieilles idoles, et toujours, depuis, on m'a vu sur la brèche pour défendre la religion et notre sainte mère l'Eglise.

Ces combats, je le répète, m'ont valu bien des calomnies, des envies implacables, d'innombrables injustices, juste châtiment de mes fautes. Enfin, pour comble, on m'appela *mouchard* et *jésuite*. Cette dernière épithète, au surplus, me flattait infiniment, car je ne trouve pas d'expression pour dire l'admiration et le respect que je professe pour ces savants et pieux religieux, si courageux et si méconnus.

C'est comme quand ils m'appellent *renégat!*

J'ai toujours aimé ce qui est bien, ce qui est juste, ce qui est honnête, et j'ai toujours aimé ceux qui souffrent. Avec ces principes, les douleurs du peuple sous Louis-Philippe m'avaient trouvé sympathique, et l'égoïsme vraiment odieux d'une partie de la bourgeoisie, de la partie libérale et philosophe, me faisait éprouver un invincible dégoût.

Aimant les malheureux, plein de répulsion pour ceux qui exploitent leurs frères, ayant malheureusement abandonné la voie catholique, la seule capable de me tout expliquer et de me faire trouver des remèdes à tout, je devais être une proie facile pour les *entraîneurs* socialistes. Je me laissai facilement prendre à la glue de leurs paroles hypocrites. Adorateur de la fraternité parmi les hommes, je crus à la fraternité démocratique.

J'en demande bien pardon à l'Eglise, je crus que le socialisme appliquerait les principes du divin Evangile.

J'ai dû renoncer à cette erreur funeste, qui a trompé tant d'autres jeunes hommes. J'ai dû faire la guerre au socialisme implacable et sanguinaire pour qui la fraternité n'est qu'un mot, un moyen, l'appât pour les niais, pour les dupes.

Mais en combattant ce que je défendais

hier, mon cœur n'a pas changé. Catholique, j'aime le peuple d'un ardent amour, tout malheureux est mon frère, tout infortuné mon ami. J'aime le peuple, mais cette fois avec intelligence; je l'aime pour lui-même, pour son salut éternel! Je lui dénonce le club et le cabaret, et lui montre le chemin de l'Eglise, là où est la paix, la joie, l'amour, la véritable fraternité, qui n'est autre que la charité catholique. Ah! je voudrais faire comprendre à chaque homme quel repos, quel ravissement, quelle félicité, j'ai trouvé dans les bras de cette mère adorable! Combien je suis calme et reposé, après tant d'orages! Combien, même dans cette prison, accablé par tant de diffamations et par cette lourde injustice, combien je suis consolé, combien je suis fort!

Mes amis, je dois cela à notre religion

divine; je dois cela au prêtre, cet ami suprême de l'homme.

Il est un médecin pour les blessures de l'âme, si profondes soient-elles; ce médecin, ce n'est pas le romancier ou le philosophe, le libéral ou le démocrate ; c'est le prêtre qui nous apprend le courage et la résignation, et la prière tant que nos lèvres peuvent remuer et nos mains se joindre.

XI

En vérité, non, mon cœur n'est pas changé ; mais mon esprit a été saisi par l'éclat des vérités éternelles.

J'étais un ignorant, je croyais à la doctrine du *progrès indéfini*, je voulais le *bien-être universel et la fraternité entre tous les hommes*.

C'est que je n'avais pas étudié la doctrine catholique; je ne connaissais pas l'homme, je le croyais créé bon; je méconnaissais le *péché originel*, dogme qui nous fait comprendre tout ce que nous voyons, et sans lequel il est impossible de rien expliquer.

J'avais les illusions de l'ignorance et l'audace de l'orgueil; un peu plus, je me serais pris moi-même pour un réformateur! Je me souviens d'un banquet démocratique que m'avaient offert les lecteurs égarés d'un de mes plus mauvais livres, dans lequel un orateur sentant l'ail et l'eau-de-vie me décerna cette couronne flétrie, en me tutoyant et en m'appelant *citoyen*. Je fus assez faible pour m'enivrer de ce vil encens..... Et c'est ainsi, malheureux! que j'ai failli être l'un des douze ou quinze cents *chefs d'école* de la démocratie moderne!

XII

J'aime la liberté et le progrès, mais les véritables, non la *liberté* révolutionnaire, c'est-à-dire la science; non le *progrès révolutionnaire*, c'est-à-dire le retour à la barbarie et au paganisme.

Je veux la liberté catholique et le progrès catholique, la liberté de la prière et de la charité, la sainte liberté du bien, la liberté sacrée du juste.

Par progrès, j'entends le développement des institutions fondées sous l'inspiration du christianisme ; il n'y en a pas d'autres ; car le progrès comme l'entendent les pirates révolutionnaires, le progrès indéfini, est une doctrine fausse qui ne peut s'appuyer ni sur l'analogie, ni sur l'histoire, et qu'on ne peut mettre en rapport avec les instincts de l'humanité; hypothèse gratuite, cette théorie ne tend pas à devenir une théorie dangereuse, car elle gâte le présent, elle tend à ruiner tout système religieux, à rendre équivoques les principes de morale, à miner les fondements de l'ordre politique ; elle ne peut donc améliorer le sort de l'homme. Quant à la vérité religieuse en elle-même, elle n'a pas de progrès à attendre, elle est immuable ;

le mot *progrès*, appliqué aux vérités révélées elles-mêmes, n'a donc pas de sens.

S'il restait encore des républicains et des socialistes pour combattre, nous serions là pour prouver contre eux ce que nous venons d'avancer; mais il n'y en a plus de démocrates! Où sont donc tous ces fiers *patriotes* qui devaient, si l'on touchait à leur infâme constitution, mettre tout à feu et à sang? On y a touché; un courageux Bonaparte l'a déchirée sous leurs yeux, aux applaudissements de toute la France enfin rassurée.

Il ne reste plus que M. Victor Hennequin, l'auteur de : *Sauvons l'humanité*, se disant secrétaire de la terre, dont l'*âme* lui dicte des brochures phalanstériennes.

Pitié! tant qu'ils semblent avoir conservé leur raison, les combattre est un devoir, mais quand l'aliénation mentale est chez eux à ce point déclarée, la loi de l'honneur et la charité commandent le silence. Mais aussi, il faut montrer du doigt aux jeunes gens ces malheureux insensés pour qu'ils voient dans quel état lamentable la démocratie et le socialisme peuvent plonger un homme intelligent. Oh! démence de l'orgueil! châtiment cruel! éternelle leçon pour tous ceux qui seraient tentés d'abandonner leurs propres affaires pour se mêler de régénérer l'humanité!

XIII

Dans toutes ces luttes j'avais froissé beaucoup de monde : 1° certains orléanistes qui, quoique militants dans le camp de l'ordre où je combattais si vigoureusement, ne me pardonnaient pas mon livre sur la famille d'Orléans ; 2° les républicains de toutes nuances ; 3° tous les ennemis de l'Église, libéraux, libres penseurs, protestants, juifs, etc., etc.

Que d'ennemis pour un seul homme, qui n'avait que sa foi et sa bonne volonté!

Je tins tête à tous, et ceux qui ont assisté à ces rudes combats, ceux qui ont lu mes brochures et mon journal l'*Ami du Peuple*, peuvent rendre témoignage à mon courage contre la révolution, il faut bien que je le dise.

XIV

Je poursuivais d'un pas ferme et résolu cette voie conservatrice, dénonçant implacablement les implacables révolutionnaires, lorsqu'un matin, un homme respectable entra dans mon cabinet, et me tint à eu près ce discours :

— « Vous répétez sens cesse que les

démocrates, les socialistes, les républicains sont des athées et des assassins; je vous en apporte une preuve nouvelle. M. Greppo, représentant de la Montagne, celui qui a voté avec M. Proudhon contre la propriété, a prononcé hier, *devant moi*, le propos que voici : « *Lors de la prochaine, de la désirable collision qui doit iné-* « *vitablement s'engager*, *nous entrerons dans* « *toutes les maisons*, *nous nous emparerons* « *de tous ceux qui nous seront signalés comme* « réacs, *nous les traînerons dans la rue et* « *nous les fusillerons sur le pavé*, *à la porte* « *de chez eux !* »

— « Monsieur, dis-je à la personne qui me rapportait ce lâche et odieux propos d'animal carnassier, signeriez-vous la déclaration que vous avez entendu ces exécrables paroles sortir de la bouche d'un représentant républicain ? »

Il signa; j'imprimai cela dans l'*Ami*

du Peuple, défiant M. Greppo de me faire un procès en *calomnie*, où la preuve est admise; il osa le faire et le perdit. Je reviendrai sur les débats de cette affaire.

XV

La Montagne en avait gardé un profond ressentiment. J'étais protégé par les plus hauts personnages ; elle enrageait. Comment faire pour se débarrasser de cet homme, de ce converti, de ce *jésuite*, de cet implacable réactionnaire qui non-seulement rend coup pour coup, mais qui est un agresseur si puissant? L'épée et la plume n'y peuvent rien; sa poitrine est de fer, son bras d'airain, son cœur à la hauteur de la noble cause qu'il défend; comment faire?

Calomniez, calomniez, a dit Voltaire, *il en restera toujours quelque chose!*

Calomnions donc, dirent les Montagnards, les *Jacques* qui, pour 1852, se partageaient d'avance la propriété.

Ils calomnièrent, aidés dans ce travail souterrain par quelques orléanistes, non pas tous, car il en est, et ce sont les plus nobles, qui déclarèrent cette guerre lâche, et m'accueillirent avec affection comme un loyal soldat de l'ordre auquel tout le monde, les *Jacques* exceptés, était intéressé.

Cependant la calomnie ne m'avait point abattu; alors qu'imagina-t-on? la plus odieuse accusation qui jamais ait pu être inventée contre un honnête homme, un piége infâme, qui devait compromettre, mais sans l'atteindre dans sa pureté, la vertu la plus éprouvée.

Ces misérables envoyèrent un soir chez moi une vile courtisane (comme jadis on en envoya une chez saint Thomas-d'Aquin); comme ce grand saint, je résistai à cette épreuve, et la malheureuse, pour un vil salaire, alla *deux jours après* déclarer, oh! l'infâme! aux magistrats qu'un de mes amis l'avait violentée chez moi, ajoutant qu'elle était une honnête personne, et donnant sur l'attentat dont elle aurait été l'objet des détails révoltants, dont les journaux révolutionnaires prévenus à l'avance contre moi comme complice, ne manquèrent pas de s'emparer.

Nous fûmes arrêtés. Après six mois de prévention, et déjà déshonorés, quoique innocents, dans l'opinion publique, si facile à égarer, nous parûmes devant le jury.

Ce fut un triomphe pour notre vertu; malgré des efforts sans conscience, nous fûmes l'un et l'autre reconnus innocents, *à l'unanimité.*

Cette dure épreuve m'avait troublé sans m'avilir, car ma conscience était ma consolation, ma joie, ma force; cette douloureuse épreuve m'avait blessé sans m'ôter mon courage.

Je redescendis dans la lutte contre la révolution, plus ardent, plus acharné plus religieusement convaincu que jamais.

C'est alors que je publiai le livre: *Fin de la République*, que j'expie à cette heure dans une cellule de Sainte-Pélagie, ainsi que cela sera expliqué plus tard.

XVI

Dans ce livre, dénoncé par les journaux révolutionnaires et par les représentants écarlates, je disais que *la constitution républicaine vouait la France à l'anarchie.*

L'organe du ministère public dit, en parlant de cette constitution, qu'elle était *capable de donner la paix à la France*, et il ajouta (je l'ai sténographié):

Nous avons juré de la défendre et nous la défendrons contre tous les partis.

J'ajoute ici, parce que c'est la vérité, et que je ne crains que Dieu seul, qui hait le mensonge, qu'hier, un membre du même parquet a dit, en parlant de cette même constitution, pour l'attaque de laquelle je fais *cinq ans* d'emprisonnement, qu'elle était *mauvaise, qu'elle nous conduisait à l'anarchie*,

Avais-je dit autre chose?

Il a dit encore, comme moi-même, que *cette constitution tenait la France sous la menace perpétuelle d'un cataclysme social.*

Je suis heureux qu'on prenne mon livre pour faire condamner nos ennemis communs.

J'en appelle ici à la justice de l'Empereur, de l'Empereur seul, et je reprends mon récit.

XVII

Ce livre, *Fin de la République*, avait pour épigraphe ces lignes d'un courageux journal d'Amiens que le jury de la Somme avait eu la justice d'acquitter.

« Une fois encore nous avons à inscrire sur des larmes cette date funeste (24 février) comme l'anniversaire d'une époque de honte et de ruine! Triste devoir auquel nous nous résignons comme à une expiation, *tant que la France ne se sera pas réhabilitée aux yeux des nations, en brisant tout ce qui reste encore debout des hommes et des choses de février;* tant qu'elle n'aura pas, par un acte éclatant de sa volonté souveraine, *effacé de son front, comme un dernier stigmate, le nom même de la République!*

« . . . . Nos concitoyens, pour adresser à Dieu des actions de grâce, *attendront qu'ils soient appelés à le faire* SUR LE CERCUEIL DE LA RÉPUBLIQUE ! »

Voici la préface de ce livre, condamné en octobre 1851, deux mois avant le coup d'Etat, qui nous a tous sauvés. Ces lignes préliminaires répondaient à toutes les calomnies dont j'avais été l'objet :

> En France, on accueille avec empressement les injures, les calomnies, les personnalités. Il connaissait bien l'esprit de ses concitoyens le magistrat qui disait : « *Si on m'avait accusé d'avoir volé les tours de Notre-Dame, je commencerais par m'enfuir.* »
>
> (Henri de Mortemart.)

> Le très-grand mal en politique, c'est de répandre des calomnies qu'on ne peut pas prouver.
>
> (Henri de Larochejaquelein.)

« Fussé-je un brigand, un scélérat, un infâme sorti des bagnes, je n'en ai pas moins le droit de dire aux hommes ma pensée tout entière. Je reste chrétien devant ma conscience, citoyen devant mes égaux, et responsable devant ma patrie.

« La vérité, pour se produire, n'a pas besoin de protection ; elle n'emprunte point sa force aux noms qui la signent, car elle a sa puissance en elle-même. L'homme qui la sert est un instrument plus ou moins digne, mais, au fond, il n'est qu'un instrument.

« Il y a bien, du reste, des consciences pures devant Dieu qui passent pour criminelles parmi les hommes!... Qui pourrait sonder, Seigneur, les replis de la conscience humaine?

« Ce qui seul est capable de réhabiliter un homme tombé, c'est l'accomplissement du Devoir. Le Devoir austère, c'est la réparation et l'expiation dans la vie!

« Ce qui réconcilie avec Dieu, c'est un acte profond de repentir.

« Ce qui réconcilie avec les hommes et avec la société, c'est un acte de courage!

« Donc, innocent ou coupable, j'accomplis mon devoir, je fais le bien; j'attends le jugement des honnêtes gens sur la terre, et ma récompense dans le ciel.

« Quant à ce qui touche à ma situation personnelle, je n'ai que quelques mots à dire.

« Il est une institution qu'aucun parti, qu'aucun homme n'a osé directement attaquer et insulter, c'est celle du Jury. Or, ce jury, composé d'hommes honorables appartenant à toutes les opinions, sans aucun doute, m'a couvert d'un verdict unanime d'acquittement. Il est probable que, si je comparaissais DANS LES MÊMES CONDITIONS devant l'opinion publique, j'obtiendrais le même résultat. J'ai prouvé que j'avais été victime d'une dénonciation calomnieuse et d'une vengeance politique.

« Nul n'a le droit, à moins qu'il ne soit un révolutionnaire, d'infirmer le jugement qui a fait éclater mon innocence. Libre aux hommes qui font le métier d'insulteurs publics, libre à ces hommes de chercher à salir de leur bave honteuse les institutions les plus élevées et les plus honorées du pays. Mais nous devons leur dire que nous sommes également impassible et devant leur haine et devant leurs louanges.

« S'il est besoin, du reste, de trouver pour nos idées des patronages honorables, et pour défenseurs de notre innocence des hommes d'une haute moralité, nous ne resterons point en défaut. Nous pourrions nous mettre à l'abri sous de puissants témoignages, mais les bornes de ce travail nous font un devoir d'être bref.

« Nous aurons seulement recours à vous, noble Monsieur d'Anglebert, à vous qui, pendant notre injuste et longue prévention de cinq mois, avez lu dans les secrets les plus profonds de notre cœur comme on lit dans un livre ouvert ; à vous qui, dans les jours mauvais, dans les jours suprêmes, — et malgré les pusillanimes dissuasions dont vos nombreux amis de Palais, obéissant alors à des préventions injustes, n'ont pas craint pourtant de vous assaillir, — à vous qui avez puisé dans l'autorité de votre conscience assez de force et d'énergie pour venir protester avec succès, comme homme, comme chrétien, comme avocat, contre les accusations sous le poids desquelles nous nous sentions mourir ; à vous, généreux et éloquent défenseur qui, devant ce tribunal imposant, n'avez demandé pour nous « *ni grâce ni* « *pitié, mais justice seulement!* »

« Les lignes suivantes, que l'honorable M. d'Anglebert nous adressait naguère, en réponse à l'une de nos lettres, avant que la pensée de ce livre n'eût germé dans notre esprit, il est vrai, mais qui l'ont peut-être inspiré en ce qu'il peut contenir d'utile et de bon, nous protégeront bien suffisamment devant l'opinion publique :

« A M. MARCHAL.

« Monsieur,

« Les angoisses et le découragement que respire votre lettre, me démontrent que vous n'avez que trop oublié les fermes résolutions que vous aviez bien voulu accepter de mes conseils dans nos entretiens de la prison.

« L'éclatante décision dont la justice du pays vient d'armer votre jeunesse ne vous suffit-elle donc pas?

« Un journal judiciaire mal informé rend, il est vrai, un compte fort in xact de votre pénible affaire et tourne contre vous les machinations contre lesquelles il eût été plus juste, plus vrai et plus généreux de vous défendre; quelques autres journaux politiques, qu'une basse et perfide mauvaise foi fait agir en cette circonstance, en profitent pour vous diffamer. A cette occasion, vous me demandez mon avis sur le procès que vous voudriez leur intenter?

« Si vous persistez, ces journaux seront condamnés par les tribunaux correctionnels, à n'en pas douter; mais laissez-moi vous dire toute ma pensée. Ce serait de votre part un acte de faiblesse; quand on veut devenir fort par la raison et par l'intelligence, il faut savoir avant tout dédaigner les petits obstacles, les exigences puériles et les entraînements qui peuvent embarrasser la route; s'y arrêter, serait faire un emploi mal entendu des instants de la vie.

« Les honnêtes gens, d'un autre côté, ne vous pardonneraient guère ces tristes pugilats de Palais. On en sort vainqueur, mais la poussière de la lutte ternit et ronge profondément les palmes les plus pures.

« Allons ! ramenez vos regards vers les horizons que nous avions tracés à votre avenir; ne songez plus qu'aux succès dont votre seule conscience vous rendra bon témoignage; laissez dans l'oubli vos jours écoulés, et mettez énergiquement à profit ceux que Dieu vous réserve pour enseigner le bien et le pratiquer; sachez en un mot placer au-dessus des considérations, même les plus légitimes, le sévère accomplissement de vos devoirs.

« Vous atteindrez ainsi une destinée qui vous vengera bien suffisamment, croyez-moi, de toutes les erreurs, de toutes les haines, de toutes les insultes, de toutes les calomnies, de toutes les dénonciations mensongères auxquelles vous vous serez trouvé en butte.

« Vous voulez désormais vivre en chrétien, dites-vous.

« Allons, chrétien..... à l'œuvre!

« Veuillez agréer l'assurance de mon dévouement et compter sur la vive sympathie que votre isolement et vos malheurs ne cessent de m'inspirer.

« CLÉMENT D'ANGLEBERT,
avocat à la Cour. »

Paris, 26 avril 1851.

L'auteur de ce livre ne voudrait pas ajouter un seul mot à ces paroles...

A l'œuvre donc!

Voici quelques passages extraits du livre dont on vient de lire la préface, et qui, j'en ai la conviction, feront comprendre comment il n'est plus possible de s'avouer républicain sans faire acte de démence.

. . . .

. . . .

« Ces lignes ont pour but de montrer au Peuple combien les socialistes l'égarent et le trompent ; combien ils sont les ennemis implacables de son repos.

« Le triomphe de l'*idée républicaine* dans sa vérité, c'est-à-dire du Socialisme, du Communisme, car, encore une fois, c'est tout un, serait l'anéantissement de la Civilisation, de la Religion, de la Liberté, du Travail ; — le peuple français tomberait dans la misère et la honte ; il deviendrait le plus méprisable et le plus malheureux de tous.

« Donc, son intérêt comme son devoir est de répudier l'*idée républicaine*, de se détacher de cette doctrine hideuse et criminelle. Le salut du pays est dans la majorité modérée et dans les magistrats comme dans les publicistes qui ont eu le courage de commencer la sainte croisade contre cette idée funeste, contre ces principes dissolvants.

« Si la France s'abandonne elle-même, la France est perdue!

« Si jamais les républicains, les socialistes, avaient la majorité, s'en serait fait de la patrie!...

« Les honnêtes gens, les citoyens calmes, laborieux, paisibles, modérés, verraient leurs fortunes, leurs existences compromises, menacées ; nous aurions le despotisme de la Terreur, — la hideuse et sanglante Démagogie. Qu'on y songe! qu'on le sache bien! Les propriétaires seraient dépouillés ; les ouvriers affamés; les maisons pillées; les femmes outragées; le commerce anéanti ; le travail mort ; la civilisation arrêtée dans son cours!

« Mais qu'on sache bien aussi que, pour

éviter ces malheurs, il faut nous retremper dans la pratique des vertus catholiques. Il faut nous dépouiller de cet égoïsme affreux, qui a rendu certaines plaintes légitimes et qui nous déshonore depuis de longues années; il faut moins adorer l'argent et plus adorer Dieu !

« Il faut nous aimer les uns les autres comme des frères, et nous soulager, nous soutenir, nous tendre la main ; il faut pratiquer la charité chrétienne la plus active.

« L'homme est d'un égoïsme atroce et d'une impiété déplorable. Il méconnaît les lois de la morale et les préceptes de l'Évangile : le Devoir, le Dévouement, le Sacrifice, l'Abnégation, la Résignation, le Renoncement, le mépris des jouissances comme des souffrances matérielles.

« Non-seulement le vice est pratiqué dans la société, mais il est prêché dans les livres et sur nos théâtres. Tout ce qui est devoir est avili, ridiculisé. L'adultère et la débauche sont publiquement honorés. On préconise la révolte contre tout ce qui est autorité. Les insurgés contre les lois divines et humaines sont représentés comme des héros; on leur tresse des couronnes impies. Celui qui a fait acte de socialisme dans le foyer domestique en violant la Famille, comme celui qui a fait acte de socialisme en faisant des barricades au nom de l'*Égalité absolue*, sont également présentés au peuple comme des types dignes d'intérêt. Enfin, c'est l'oubli de toute pudeur, le mépris de tous les Devoirs.

« C'est ainsi que l'homme est misérable. — C'est parce qu'il ne mène pas une vie régulière, religieuse et respectée qu'il est malheureux. Il n'y a pas de bonheur sans le respect le plus absolu de la grande loi du Devoir ; pas de bonheur en dehors de la vertu, en dehors de la pratique des préceptes chrétiens. Le vice est bien à plaindre !

« Donc, il faut opposer la *Fraternité chrétienne*, — cette douce, charmante et féconde fraternité volontaire, — à la hideuse et sanglante fraternité républicaine, qui conduit à l'*Égalité absolue* sur les cadavres mutilés de tout ce qui possède et de tout ce qui est intelligent.

« Entre l'égoïste qui est dur aux pauvres et méprise les malheureux, et l'égoïste qui veut déchaîner ces pauvres et ces malheureux contre la propriété et en faire des brigands, il y a le Chrétien.

« Le Catholicisme seul, seule la Religion du Christ peut encore une fois régénérer et sauver la France !

« Ah ! ce qui nous divise le plus, tous

tant que nous sommes, c'est que la parole du prêtre du Christ n'est pas écoutée, c'est qu'on ne pratique pas les vertus qu'il enseigne ; c'est que, depuis toutes ces exécrables révolutions, la multitude a perdu le sentiment du Devoir, de l'Humilité, de la Résignation et de la Charité catholiques.

« Quand nous serons de vrais chrétiens nous serons bons et nous serons heureux !

« Nous serons surtout charitables, nous aimerons avec ardeur, nous soulagerons nos frères pauvres.

— « La Charité, c'est tout le Catholicisme », me disait hier un vénérable abbé, fondateur d'une œuvre dont nous parlerons au Peuple dans un prochain travail.

. . . .

« Sous la première République, la souffrance du peuple français fut au comble. Partout ruisselait son sang. Ceux que la guerre et la guillotine ne tuaient pas, traînaient une existence misérable; les citoyens se battaient à la porte des boulangers pour avoir un morceau de pain. Comme alors, nos pères imprudents regrettèrent d'avoir prêté l'oreille aux factieux, et d'avoir laissé renverser la monarchie, sous laquelle ils pouvaient vivre paisiblement!

« Ils étaient opprimés par ces républicains qui parlent sans cesse d'égalité, et sont d'un orgueil sans pitié. Ils voyaient que la République, qu'on leur avait représentée dans des livres menteurs comme l'Eldorado politique, était la plus épouvantable confusion; car les républicains, en prêchant la désobéissance, prêchent l'anarchie et nous conduisent à la ruine de la France; car sans obéissance, point d'autorité, point de société, point d'armée, plus de patrie!....

« Vainement les républicains modernes prétendraient-ils le contraire. Vainement encore nous diront-ils que la République peut être un gouvernement normal et rendre un peuple heureux et libre; leur système est à jamais discrédité comme leurs doctrines.

« Si la République eût duré, la France aurait succombé, car une pareille calamité, c'est l'anéantissement plus ou moins lent, mais toujours infaillible d'un État!

« La République, c'est l'amputation de la Liberté et de la Vertu.

« Les *bons*, les *vrais* républicains, les républicains logiques sont des *Égorgeurs*, des *Assassins*. Voilà quelques années que je les poursuis de ce fer rouge que je leur imprime sur le front. Au surplus, ils ne s'en défendent pas. Les représentants qui siégent à la Montagne ont dans leurs cœurs le culte de Robespierre et de Marat, ces rebuts de l'histoire; ils divinisent la Terreur; plusieurs même ont fait publiquement l'apologie de l'*Assassinat*, et ont fait profession de foi d'*Athéisme*.

« On se rappelle le procès que nous fit, en 1850, le *citoyen* Greppo, un *pur* de la Montagne, un *bon*, un *vrai* républicain s'il en fut. J'avais rédigé et publié dans le numéro de l'*Ami du Peuple* du 26 juin 1850, un article intitulé : *La crête de la Montagne*, ainsi conçu :

« Oui, il y a parmi les représentants du peuple qui siégent à la Montagne, plusieurs *citoyens* qui professent, et ne s'en cachent nullement, l'*Athéisme*, le *Matérialisme*, l'*Assassinat*, le culte de la GUILLOTINE. Ceci n'est pas une calomnie. Il suffit, pour s'en convaincre, de lire leurs écrits et les discours qu'ils ont prononcés dans les clubs. Et d'ailleurs, si quelquefois, dans leurs discours publics, ils couvrent d'un voile hypocrite leurs desseins sanguinaires, ils ne se font pas faute, dans leurs conversations particulières et dans leur effusion intime, d'avouer qu'ils sont des hommes de spoliation, de terreur et de carnage.

« Un représentant montagnard, un de ces hommes étiques, rabougris et laids, qui exécrent tous ceux qui sont moins étiques, moins rabougris et moins laids qu'eux, le *Sancho Pança* de M. P.-J. Proudhon, M. Greppo, puisque enfin il faut l'appeler par son nom, se trouvait par hasard, hier, en assez bonne compagnie, où l'on ignorait qui il était.

« Une discussion politique s'étant engagée, M. Greppo a prononcé ces paroles :

« Lors de la prochaine, de la *désirable* collision qui doit *inévitablement* s'engager, nous entrerons dans *toutes les maisons*, nous nous emparerons de tous ceux qui nous seront *signalés* comme *réacs*, nous les traînerons dans la rue et *nous les fusillerons* sur le pavé, à la porte de chez eux ! »

« Si ce que nous avançons n'est pas vrai, que M. Greppo, hélas ! représentant du peuple, nous intente un procès en calomnie.

« Il ne faut pas que la vérité soit étouffée. »

Vantez-vous donc d'être républicain, après de tels discours !

« J'avais encore publié dans l'*Ami du Peuple* (numéro du 27 juin 1850), l'article suivant :

LE PARTI DES ASSASSINS.

« Sous peine d'être imbécile, infâme et déloyal, le Peuple doit être avide de la vérité ; la voici sur ce point :

« Le parti montagnard est un PARTI D'ASSASSINS. L'*Assemblée nationale* et l'*Ami du Peuple* ont toutes raisons pour l'affirmer.

« Quant à nous, nous connaissons, siégeant à la Montagne un très-grand nombre d'hommes partisans de l'assassinat.

« Caussidière le *tueur*, comme on l'appelait, s'était fait apporter, dès le lendemain du coup de main, du malentendu de février, un modèle de guillotine coupant *onze têtes à la fois.* Nul doute qu'il n'en eût fait usage, si, au 15 mai, les rouges l'eussent emporté.

« Si quelque Montagnard ose nier, nous

publierons le nom de l'inventeur de cet aimable modèle.

« Car l'*Ami du Peuple* a toujours *les preuves* de ce qu'il avance.

« Pour nous, il est évident que, si le gouvernement n'est pas ferme, s'il ne prend pas une mesure de salut public, s'il recule devant un coup d'État qui nous sauvera, nous aurons l'échafaud sur nos places publiques.

« Allons, Louis-Napoléon! allons, Changarnier! allons, Majorité! faites table rase des Socialistes! Ayez donc l'énergie de nous sauver!....

« Ah! nous défendons bien aux Marc Dufraisse, aux Joigneaux, aux Greppo et *tutti quanti*, de protester contre nous. »

« Assignés, d'après la plainte déposée en calomnie contre nous à cause de ces deux articles par le *citoyen* Greppo, communiste et représentant du peuple siégeant à la Montagne, « des témoins, » dit un journal de province, l'*Union bretonne*, dans son compte-rendu du procès, des témoins sont venus affirmer avoir entendu les abominables propos attribués au *citoyen* Greppo ; aussi l'organe du ministère public, dans son impartialité, a-t-il déclaré la preuve suffisamment faite.

« Le jury a rendu à *l'unanimité* un verdict d'acquittement et a ainsi ratifié l'accusation infamante portée contre le *Sancho Pança* de Proudhon. »

« — Oui, j'ai fourni des témoins à l'appui de ce que j'avais avancé. J'ai prouvé que ce langage odieux avait été tenu.

« C'était un devoir. A cette époque si fatale et si désastreuse, où les mauvaises doctrines brûlent l'âme humaine, les bons citoyens doivent dévoiler les coupables menées de ces hommes de désordre qui veulent nous ramener à 1793. Il faut dévoiler *l'idée républicaine*.

« Ce procès, qui fit grand bruit, fut rempli d'enseignements pour le peuple. Il démasqua la politique républicaine, c'est-à-dire révolutionnaire, et la montra dans toute son horreur. Nous produisîmes trois médailles frappées à Lyon par un *bon* républicain. L'une de ces médailles, qui porte pour légende : *République démocratique et sociale*, représente le portrait du *citoyen* Greppo vu de face ; on lit au-dessus de sa tête : *Le citoyen Greppo*. La légende complimente ce représentant sur le *courage civique* qu'il a déployé en votant seul en faveur de la proposition Proudhon, le 31 juillet 1848. Au revers, on lit en légende : LE SANG LYONNAIS A LA RÉGÉNÉRATION SOCIALE.

« Dans le champ, une tête de mort au-dessus de deux os en sautoir, et au-dessous, ces horribles paroles :

SI LES ARISTOCRATES
CONSPIRENT, NOUS BOIRONS
DANS LEURS CRANES A LA SANTÉ
DE L'AVENIR ET A LA MÉMOIRE
DES MONTAGNARDS
DE 93.
VIVE LA FARANDOLE!

« Sur la deuxième médaille, on voit la hache révolutionnaire, surmontée d'un bonnet rouge, entre quatre poignards, avec cette inscription :

RÉPUBLIQUE DÉMOCRATIQUE ET SOCIALE.
VIVRE EN TRAVAILLANT,
MOURIR EN COMBATTANT.
1848.
LYON.

« Et au revers, on trouve ces mots :

ARISTOCRATES, MODÉRÉS,
ÉGOÏSTES, TREMBLEZ! TREMBLEZ!
A LA PREMIÈRE ATTEINTE PORTÉE A LA LIBERTÉ
LES ONDES ENSANGLANTÉES DU RHÔNE
ET DE LA SAÔNE CHARRIERONT VOS
CADAVRES AUX MERS ÉPOUVANTÉES.
TREMBLEZ!
LE PEUPLE EST DEBOUT ET 93
PEUT ENCORE RENAÎTRE!
(*Ici un bonnet phrygien*).
1848.

« Enfin, sur une autre médaille, on lit :

LE PEUPLE
DEVIENT SANS CULOTTES
QUAND SES TYRANS
NE LUI EN LAISSENT PAS,
ET VORACE
SI, FÉCONDANT LA TERRE

PAR SES TRAVAUX,

IL NE PEUT AVOIR

SA PART DU PAIN

QUOTIDIEN.

« Au revers se trouvent les noms des quatorze représentants du peuple du département du Rhône; celui de M. Greppo termine la liste.

« Eh bien! je dis que toutes ces choses sanguinaires sont l'œuvre des *vrais républicains;* ceux qui désavouent ces doctrines du sang et du communisme ne sont pas de *vrais* républicains. Ce sont ou des ambitieux qui se servent de l'idée républicaine comme d'un moyen pour arriver au pouvoir où ils seraient les pires des tyrans, ou ce sont des niais que désavouent les vrais républicains, les républicains logiques, les révolutionnaires, les socialistes.

« Me Madier de Montjau fils, avocat du *ci-*

toyen Greppo, et siégeant comme lui à la Montagne, accepta le premier. Il fut logique. Conséquent avec l'idée républicaine, il affecta d'appeler les jurés *citoyens*, et chercha bien plus à justifier *les héros de* 93 qu'à défendre son client; il répéta plusieurs fois que lui, son client et plusieurs autres représentants, s'honoraient beaucoup du titre de *Montagnards*.

« Pour se défendre, l'*Ami du Peuple* dut, dès lors, faire le procès à la République, à l'idée républicaine, au parti républicain, auquel le *citoyen* Greppo et les autres Montagnards se font gloire d'appartenir.

« Démontrer que c'est logiquement le gouvernement du désordre et du crime, que les républicains mentent effrontément quand ils disent qu'ils veulent *la fraternité*, — cette doctrine religieuse, que le Catholicisme seul est appelé à faire triompher,

— prouver cela victorieusement nous fut chose facile.

« Me de Thorigny, avocat de l'*Ami du Peuple*, protesta au nom des choses les plus saintes, la Religion, la Famille, la Propriété, contre ces infâmes doctrines de sang, de matérialisme, de destruction, professées par certains *citoyens* de l'Assemblée, *vrais* républicains siégeant à la Montagne.

« Me de Thorigny n'eut qu'à ouvrir les mains, elles étaient pleines de preuves, de preuves irrécusables.

« C'est d'abord le tableau du caractère, des actes, des habitudes, des principes et de l'histoire des Montagnards, qui prouve que les républicains, les Montagnards, ne sont pas essentiellement les ennemis de la guillotine et de l'assassinat. C'est ensuite l'ouvrage intitulé : *la Montagne* du *citoyen*

Hauréau, encore un *vrai* républicain, qui, de son aveu, a pris la plume pour « *relever les hautes têtes* des SAINTS DE LA MONTAGNE ! » qui appelle « *journées si* SUBLIMES, *si terribles, si* NÉCESSAIRES ET SI BELLES *qu'on en tressaille encore,* » ces jours lugubres où des bandits, stipendiés par les vrais républicains, assassinaient devant la porte des prisons ; ajoutant que « *les crimes des patriotes ne sont autre chose que l'amour du pays;* » que Danton, qui oublia un jour « le *moment d'enthousiasme* » qui lui fit remercier les égorgeurs des prisons de septembre, « *recula devant un des plus beaux jours de sa vie;* » exaltant Saint-Just, « *poëte au dévouement sublime,* » pour avoir défini la république : « LA DESTRUCTION TOTALE DE TOUT CE QUI LUI EST OPPOSÉ, » pour avoir dit : « *Détruisez les rebelles,* bronzez la république, etc... » Ce fut ensuite les extraits suivants du même livre, sorte de catéchisme, de *vade-mecum* du véritable républicain :

— « *Danton fut grand entre les Montagnards, comme Jourdan Coupe-Tête fut grand entre les patriotes de la rue.* »

— « LA GUILLOTINE *fit* JUSTICE *des hommes modérés qui n'avaient pas assez de tête pour comprendre la sublimité de la révolution.* »

— « *Le comité de salut public prit le* PARTI SAGE : la GUILLOTINE ! »

— « *Rien n'est fait si vous ne tranchez pas d'un coup la tête à cette bourgeoisie égoïste, bête et laide.* »

— « *Marat n'erra jamais que par excès de.....* VERTU ! »

« Après avoir fourni ces touchants exemples de la *fraternité républicaine*, l'avocat de l'*Ami du Peuple* fut en droit d'attaquer les membres de la Montagne actuelle comme héritiers des membres de celle de 93. En effet, on se rappelle ce mot de l'un d'eux :

— « La *guillotine, c'est ce qu'il faut pour arrêter les traîtres.* »

« Les *traîtres* sont ceux qui ne veulent pas la république, le communisme, la guerre civile.

« Et puis, c'est cet autre représentant de la moderne Montagne, Lamennais, qui, au *banquet du Château-Rouge* qu'il présidait, porta un toast à *la mémoire de Marat;* et la fameuse lettre du républicain représentant Marc Dufraisse, dans laquelle sont glorifiés Pépin et Morey, les complices de l'assassin Fieschi ! Et la revue, toute pleine de longs et cruels souvenirs, de toutes les sanglantes promesses des révolutionnaires actuels, et depuis les écrivains du *Moniteur républicain*, de la *Voix du*

Peuple préconisant le *Régicide*, prêchant *l'assassinat*, vantant l'*échafaud*, niant Dieu, niant le gouvernement, —jusqu'aux séïdes de la *Société républicaine des Vengeurs*, aspirant à « *fusiller* tous les ennemis du peuple, à *épurer* les quartiers aristocratiques de Paris, » et à « instituer des commissions spéciales pour juger les adversaires de la République, composées de condamnés de juin, » — et jusqu'à ce *vrai* républicain, Blanqui, condamné de Bourges, écrivant lui-même, en tête d'une liste de proscription *démocratique et sociale*, le nom de son propre frère et celui de son professeur !

« Comme vous le voyez, il est très-facile de prouver que le *vrai* républicain est un ASSASSIN et un ATHÉE (1), qu'il est l'en-

(1) La publication récente des horribles *bulletins du Comité de résistance* est une preuve nou-

nemi du Peuple, et que la République est la plus détestable de toutes les calamités pour un pays!... »

Ah! je le dis bien haut, mon âme n'a jamais caressé des idées semblables, et si j'ai été léger, je mets mes ennemis au défi de me prouver aucune inhumanité. Ce sont ces individus et leurs principes qui m'ont rendu au Christianisme, à la foi, à la raison; c'est la seule chose de laquelle je puisse leur savoir gré.

. . . .

. . . .

« La presse des départements fit grand bruit du procès Greppo et des paroles si profondément républicaines prononcées

velle que nous n'avons jamais calomnié les républicains démocrates socialistes, en leur prêtant les plus abominables complots, les projets les plus odieux, les plus sanguinaires, les plus criminels.

par ce représentant. L'indignation fut gé nérale. Je cite ici quelques extraits pris au hasard entre deux cents :

« Notre correspondance nous rapport
« les paroles suivantes, prononcées par le
« *citoyen* Greppo, et reproduites par l'
« *du Peuple :*

« Il est dégoûtant de s'occuper de pareils
« individus ; mais il faut bien connaître les
« douceurs du régime qui attend la société,
« si jamais les hommes comme le *citoyen*
« Greppo s'emparaient du pouvoir.

« En attendant que ce sans-culotte nous
« fasse *fusiller à notre porte*, disons que
« c'est un bien ignoble misérable.

« Un fait extrêmement grave est révélé
« ce matin par l'*Ami du Peuple*. Il n'étonne
« pas tout à fait, car on sait quelle est au

« fond la politique socialiste, c'est-à-dire
« *le meurtre* et *le pillage*, mais il prend une
« importance exceptionnelle par la qua-
« lité de celui auquel il est attribué.

« Voici le récit de l'*Ami du Peuple*... »

(*Mémorial Bordelais*, 27 juin 1850.)

« — Le journal l'*Ami du Peuple*, de
« M. MARCHAL, en succombant sous le faix
« de la loi sur le timbre et le cautionnement
« laissait derrière lui un procès fameux
« qu'il vient de soutenir contre le Monta-
« gnard représentant du peuple, Greppo.
« *L'Ami du Peuple* avait soutenu qu'il y a,
« dans le parti montagnard, des hommes
« professant l'*Athéisme*, le *Matérialisme*,
« l'*Assassinat*, le culte de la *Guillotine*, et il
« avait cité entre autres Greppo. Ce dernier
« porta plainte ; l'affaire s'est terminée en

« cour d'assises le 20 août, par l'acquitte-
« ment de l'*Ami du Peuple*, lequel a prouvé
« par témoins que Greppo avait tenu des
« propos sanguinaires, et pouvant être
« considérés comme une apologie de l'*As-*
« *sassinat* politique et du régime de la *Guil-*
« *lotine*. »

(*L'Abbevillois*, 23 août 1850.

LE CITOYEN GREPPO.

« Lors de la prochaine, de la *dé-sirable* collision qui doit *inévitablement* s'engager, nous entrerons *dans toutes les maisons*, nous nous emparerons de tous ceux qui nous seront *signalés* comme *réacs*, nous les traînerons dans la rue, et *nous les fusillerons* sur le pavé, à la porte de chez eux. »

(GREPPO, *représentant Montagnard*. 24 juin 1850.)

« C'est un vote qui a fait la réputation de M. Greppo. Ce *citoyen*, qui n'avait rien fait qui le recommandât à la reconnais

7

sance de son pays ou à l'attention de ses compatriotes, s'est illustré en se levant au moment opportun de sa banquette de représentant du peuple. — Turenne et Condé se firent un nom dans les batailles, l'éloquence révolutionnaire servit de piédestal à Mirabeau, Christophe Colomb se couvrit de gloire en découvrant un nouveau monde, Galilée et Newton s'immortalisèrent par leurs travaux astronomiques, un vote par assis et levé a fait la célébrité du *citoyen* Greppo.

« C'était dans le courant de l'année 1848; il vint alors à l'esprit de M. Proudhon d'amuser ses collègues de l'Assemblée nationale, en leur démontrant, dans un très-beau discours, *que la propriété était le vol.* — La logique de M. Proudhon égaya fort les Constituants, qui mirent tout béatement la propriété aux voix ; — les Constituants voulurent faire une malice au *ci-*

toyen Proudhon, et se donner le plaisir de voter contre lui : les Constituants avaient espéré sur l'unanimité. C'était l'époque des manifestations, et on comptait fort sur celle-là ; mais les honorables législateurs avaient compté sans un de leurs hôtes. A la contre-épreuve, un homme se leva en faveur de M. Proudhon et de son adage : *la propriété c'est le vol*. Cet homme était le *citoyen* Greppo.

« Tous les yeux se portèrent sur lui. On vit un petit individu, maigre, chauve, barbu, et *négligé* à l'endroit de sa redingote.

« On se dit tout aussitôt qu'un *citoyen* qui venait avec un sérieux imperturbable sanctionner une bouffonnerie de M. Proudhon, et mettre des bâtons dans les roues d'une manifestation parlementaire, ne devait pas être un homme comme tout le monde.

« Greppo eut dès ce moment une place marquée dans l'histoire. Rien de ce qui fait la gloire des grands hommes, pas même les plaisanteries du *Charivari* et les caricatures de Cham, ne lui manquèrent.

« Greppo ayant passé à l'état d'homme célèbre, ses moindres paroles prirent une importance historique : or, voici ce que le citoyen Greppo voulait bien se donner la peine de dire un matin du mois de Juin 1850, etc...... »

(*Suit le propos abominable, le propos républicain, tenu par M. Greppo, puis le compte-rendu du procès.*)

« Après cela, on voit combien on a raison de ne plus croire aux propos de ces *réactionnaires* et de ces *alarmistes* qui s'amusent à nous faire peur en nous parlant sans cesse de la *Guillotine*, de la *Terreur* et du *parti des Assassins*.

« Cette histoire de Greppo est, sans aucun doute, un conte fait à plaisir, que le journal l'*Ami du Peuple* aura imaginé pour cacher son désappointement.

« La médaille « *Nous boirons dans leurs crânes* » n'est que de la fausse monnaie, et l'odieux langage qu'on prête à l'ami de M. Proudhon aura été tenu probablement par quelque *réactionnaire* qui se sera déguisé en citoyen Greppo.

(*Journal du Peuple de Bordeaux*, 25 août 1850.)

« — L'*Ami du Peuple* vient de remporter un éclatant triomphe devant la cour d'assises de la Seine. Il avait osé prétendre que la Montagne prêchait le pillage et l'assassinat. Le jury a répondu à la plainte du citoyen Greppo par un verdict qui rendra ce parti plus prudent à l'avenir lorsqu'il s'agira d'affronter la justice nationale. »

(*Écho de l'Adour*, 25 août 1850.)

DES FAITS.

« On rit beaucoup de la déconfiture de M. Greppo, représentant du peuple. Les rouges ont pris tellement au sérieux le conseil de Danton : de l'audace ! de l'audace ! que lorsqu'on les met en présence de leurs actes ou de leurs paroles, leur premier mouvement est de crier à la calomnie. M. Greppo avait dit, en déjeunant : « Lors de la prochaine collision, nous en-
« trerons dans toutes les maisons, nous
« nous emparerons de tous ceux qui nous
« seront signalés comme *réacs*, et nous les
« fusillerons à la porte de chez eux. » *L'Ami du Peuple* rapporta ces paroles ; M. Greppo le poursuivit ; mais *l'Ami du Peuple* vient d'être acquitté par le jury, devant qui il a bien et dûment fait la preuve de son assertion. Tout mauvais cas est nia-

ble, dit-on ; mais toute poursuite en diffamation n'est pas opportune. Pour un homme qui a accepté la dédicace d'une médaille qui porte en exergue : « Si les « aristocrates conspirent, nous boirons « dans leurs crânes à la santé de l'avenir et « à la mémoire des Montagnards de 93, » M. Greppo, il faut en convenir, s'était montré bien difficile. Fusiller les *réacs* et boire dans le crâne des aristocrates, n'est-ce pas une pensée bien choisie?

(*La Haute-Loire*, 24 août 1850.)

LE SYSTÈME DE LA FUSILLADE.

« Un grand nombre de journaux de province arrivés par le dernier courrier rendent compte du procès Greppo. Les procédés *d'extermination générale* proclamés par ce Montagnard trouvent peu d'approbateurs.

« Plus on examine le système franchement et nettement formulé par cet ami de Proudhon, plus on peut en apprécier tout le mérite.

« Reproduisons les paroles du Montagnard ; elles sont acquises à l'histoire :

« *Nous* entrerons dans *toutes* les maisons;
« nous nous emparerons de *tous* ceux qui
« nous seront désignés comme *réacs*; nous
« les traînerons dans la rue et nous les fu-
« sillerons sur le pavé, à la porte de chez
« eux. »

Nous, c'est-à-dire les amis du *citoyen* Greppo, ses collégues de la Montagne, les *rouges*.

On s'emparera de *tous ceux* qui seront désignés comme *réacs*. Il demeure donc bien entendu que les Montagnards se contenteront, pour aller plus vite, d'une désignation donnée n'importe par qui, ni comment, à tort ou à raison; le texte est formel : *tous* ceux qui seront désignés y passeront, qu'ils soient *réacs* ou qu'ils ne le soient pas. Le citoyen Greppo n'a point dit : « Tous ceux qui seront reconnus pour « *réacs*. » On vous fusillera d'abord ; vous vous justifierez ensuite. La justice révolutionnaire de 93 ne procédait pas différemment.

« On fusillera les *réacs* devant leur porte. Cette façon d'agir a plusieurs avantages. D'abord, elle donnera une leçon salutaire aux familles des *réacs ;* les femmes, les enfants verront leur mari ou leur père égorgé devant leurs yeux ; les locataires, les voisins entendront les cris des mourants, les hurlements des bourreaux, les détonations homicides. Rien de mieux calculé pour inspirer cette *Terreur* sans laquelle la République, telle que la comprend le parti Montagnard, ne durerait pas longtemps.

« Il serait impossible de mettre en prison *tous* les individus désignés comme *réacs*. Où trouver des locaux assez vastes pour les recevoir ? La première Montagne avait des moyens assez expéditifs pour empêcher l'encombrement des innombrables maisons d'arrêt dont elle avait couvert Paris ; elle faisait massacrer DOUZE MILLE captifs ; elle coupait des têtes du matin jusqu'au soir. Mais tout se perfectionne ; vider les prisons prend un peu de temps ; ne pas les remplir est plus simple. Fusiller les gens dans la rue, au seuil de leurs demeures, est incontestablement ce qu'il y a de mieux. Observez que par là on réalise des économies considérables ; il n'y a pas de frais de nourriture de détenus, pas de geôliers, nulle formalité judiciaire, nulle écriture.

« Un pareil système n'a pas besoin de justification ; il suffit qu'on l'exprime en deux lignes ; sa netteté et sa simplicité ressortent dans tout leur éclat, son mérite saute à tous les yeux.

» Aussi l'admiration qu'il nous inspire est-elle si vive, que nous en reparlerons de temps en temps.

« Nous ferons remarquer toutefois que cette justice générale et sommaire de tous les contre-révolutionnaires n'est pas chose neuve.

« Elle est presque mot pour mot dans les décrets préparés par un des devanciers du socialisme actuel, par le fameux Babœuf, condamné à mort et exécuté en 1797.

« Le projet de Babœuf offre quelques développements qui ne pouvaient trouver place dans la conversation tenue à une table d'hôte, mais qui seront sans doute conservés avec soin lorsque les idées des théoriciens de la fusillade se trouveront mises par écrit et rédigées en loi.

« Voici deux des articles du décret de Babœuf; ils méritent d'être reproduits sans changement dans les arrêtés écarlates:

« Seront mis à mort tous les étrangers, « de quelque nation qu'ils soient, qui se» ront trouvés dans les rues.

« Si les royalistes veulent faire résis« tance, qu'une colonne armée de *torches* « *ardentes* se porte sur le point qu'ils au« raient choisi, et qu'à l'instant les flammes « vengent la *liberté* et la *souveraineté du* « *peuple*. «

(*Mémorial de Bordeaux*, 25 août 1850.)

« Les journaux rouges que nous avons eu l'occasion de voir ont pris le sage parti de ne point parler du procès Greppo. Il ne pouvait leur convenir de faire connaître qu'un des chefs de la Montagne avait annoncé le projet de faire fusiller sans jugement et dans la rue tous les individus désignés comme *réacs.*

« La feuille de Proudhon (1) a cru cependant convenable de dire quelques mots de cette affaire, mais c'est pour imaginer une explication originale. L'arrêt qui a repoussé la demande du représentant cramoisi, en le condamnant aux dépens, est un éclatant triomphe en sa faveur, au dire du carré de papier antipropriétaire. Le jury a pensé sans doute que la réputation d'un homme tel que M. Greppo ne pouvait être atteinte par les attaques d'une feuille *réac.*

(1) Le numéro du journal *le Peuple de* 1850, dont parle plus haut le *Mémorial de Bordeaux*, m'ayant paru renfermer des calomnies contre moi, je portai plainte contre lui, et, plus heureux que M. Greppo, je fis condamner le gérant à 15 jours de prison pour diffamation, et à je ne sais plus quelle amende.

« Malgré cette étrange façon de consoler les gens, il est permis de croire que le citoyen Greppo eût préféré entendre condamner ses adversaires.

« Il se portait partie civile et réclamait des dommages-intérêts. Il faudra que ce soit lui qui paie. Quant aux projets *fraternellement* révolutionnaires qu'il a si franchement exprimés, la France entière en apprécie le mérite et l'à-propos. »

(*Mémorial de Bordeaux*, 28 août.)

« Tous les journaux modérés des départements parlèrent dans le même sens; tous ils flétrirent cette politique des modernes Montagnards, qui rappelle si bien celle de la première République. . . . . . .

. . . .

« On est stupéfait de penser qu'une détermination courageuse aurait suffi aux honnêtes gens pour purger la France de la République et de ses tyrans, et que cette détermination ne fut pas prise. — L'autorité manque ainsi souvent de vigueur; elle se laisse surprendre par les anarchistes, malgré les avertissements les plus vigoureux.

« Ce n'est pas la classe ouvrière qui commence les révolutions, car son instinct lui dit que c'est sa ruine. Les fauteurs des mouvements anarchistes sont toujours des ambitieux oisifs, des talents inférieurs qui se prétendent incompris, des esprits jaloux et avides d'aventures. . . . .

. . . .

« Cette armée du mal renverse les trônes et les autels, viole les propriétés, foule aux pieds tous les droits de l'humanité, opprime le peuple industrieux et honnête, et, pour comble, trouve encore aujourd'hui des admirateurs et des disciples.

« La folie de ces hommes serait infiniment ridicule, si elle n'était féroce.

« Mais quelle que soit l'admiration des panégyristes véhéments des terroristes de 93, malgré leur culte pour cette *sublime* époque, la force de la vérité les contraint de convenir que la Convention renfermait non-seulement des ASSASSINS, mais encore des *voleurs* et des *pillards* effrontés. Pour n'en citer que quelques-uns, — sans parler des *patriotes* qui volèrent le Garde-Meuble en 1792, — c'est Perrein (de l'Aude), condamné aux travaux forcés; Clausel, convaincu de concussion; Danton et Larnès, qui volèrent en Belgique. Leurs malles, pleines d'argent, furent saisies à la frontière.

« C'est Rewbel et Morlin, qui enlevèrent, à Mayence, de l'argenterie et du vermeil; c'est Revère et Poultier, qui simulèrent un vol considérable d'assignats appartenant à la nation; c'est Barras, Ricard et Fréron, qui enlevèrent, à Toulon, plusieurs fourgons chargés d'objets précieux. Et c'est encore six conventionnels, six *vrais* républicains, qui eurent chacun 10,000 fr. pour avoir falsifié un décret! On sait que d'autres s'arrangeaient de façon à ce que les marchés passés avec les fournisseurs leur rapportassent de très-gros et très-illicites bénéfices. Ainsi, ces hommes dégoûtants de sang étaient encore dégoûtants de vices!

« Ces faits, que nous nous bornons à indiquer, mais qu'il serait bien facile de développer, ont leur importance.

« On entend dire assez souvent que les premiers Montagnards trempèrent, il est vrai, leurs mains dans le sang, mais qu'elles furent pures d'argent volé.

« Cette assertion est parfaitement fausse, et l'examen attentif des choses de cette époque peu fortunée lui donne le plus positif de tous les démentis.

« Les républicains de l'autre République n'étaient pas plus scrupuleux que ceux de celle-ci.

« Ils avaient les mêmes vices, le même penchant pour le crime, la même haine contre le Catholicisme. Mais quoi qu'ils aient fait et quoi qu'ils fassent, la religion ne périra pas. Elle a pour défenseurs Dieu au ciel, et sur la terre les honnêtes gens !

« Eh bien ! pour les citoyens paisibles, le nom seul de *Républicain* est une épouvante !... Ce nom est devenu une injure.

. . . .

. . . .

« En France, nous avons vu la République en 93 et en 1848. — Dernièrement elle fut proclamée à Rome. Les journaux démagogiques ont cherché à nier les crimes commis dans la ville éternelle par les brigands qui avaient logiquement inauguré la République dans les États de Notre Saint-Père par l'assassinat de M. Rossi. L'éloge perpétuel et invariable de la mansuétude de la feue République romaine, si heureusement, si justement mise à mort par l'armée française, est un des thèmes favoris de ces feuilles.

« J'ai déjà, pour ma part, à mon retour de Rome, apprécié la justesse de ce thème dans une brochure : *La vérité sur l'Italie.* Voici un nouvel exemple des procédés au moyen desquels les nouveaux *citoyens romains*, — titre qui fut accepté par les Montagnards de France ! — expédiaient *ad patres* les réactionnaires insensibles aux douceurs de la république *Mazzinienne* et *Garibaldienne*, qui était pourtant une *véritable* république.

On lisait dernièrement dans un journal de Turin, l'*Istruttore del Popolo*, les deux pièces suivantes, dont les autographes sont en sa possession :

RÉPUBLIQUE ROMAINE.

Triumvirat.

« Rome, 20 juin 1849.

« Cher Zambianchi,

« Fais en sorte de m'envoyer encore vingt hommes de tes douaniers (*finanziere*) pour cette colonne volante que je veux établir immédiatement pour accomplir des *opérations importantes.*

Crois-moi,

« *Ton* JOSEPH MAZZINI. »

Commandement de l'office de sûreté publique.

« Rome, 20 juin 1849.

« *Citoyen* capitaine,

« Je tiens en prison cinq des anciens

sbires; il serait nécessaire de leur faire L'OPÉRATION ACCOUTUMÉE (*consueta operazione*). N'ayant, quant à moi, ni facilité ni moyens, je m'adresse à toi pour que tu me les envoies prendre par tes bons douaniers, et je les ferai conduire où tu croiras plus opportun pour la facilité de *l'opération susdite*.

« J'attends une réponse quelconque de toi par le fidèle porteur de la présente. — Salut.

« Le capitaine commandant la sûreté publique,

« G. CAPPANA. »

L'Istrutiore del Popolo ajoute :

« Ces deux lettres, comme chacun voit, portent la même date et sont adressées au même sicaire. Dans toutes deux, il est fait allusion à d'*importantes opérations* que devaient exécuter ces bandes volantes dont le journal l'*Italia*, dans l'excès de son amour pour Mazzini, niait l'existence. Lorsque Zambianchi fut interrogé sur le sens de ces mots : *importantes opérations*, il répondit que ces paroles faisaient allusion au meurtre décrété de certaines personnes odieuses au gouvernement de la République. Il ajouta que les cadavres trouvés dans le Tibre étaient de son fait, mais qu'il n'avait fait qu'exécuter un ordre exprès (*espresso ordine*), et qu'il avait conservé ces lettres *pour sa justification.*

« On a horreur de remuer cette fange sanglante. Zambianchi traînait ses victimes dans une maison située sur les bords du Tibre, et là on les tuait tantôt à coups de poignard, tantôt à coups de fusil. Le jardin de Saint-Calixte nous a appris de quelle façon on entendait RÉGÉNÉRER LE PEUPLE. »

« Je laisse aux lecteurs le soin de donner

un nom à de tels hommes; c'est sur eux que les Montagnards de Paris se sont tant apitoyés!

« La politique étrangère des républicains vaut leur politique intérieure. On dirait qu'ils ont juré la ruine de la nationalité française. C'est ainsi qu'après avoir prêché la guerre de l'indépendance à l'Italie, ils l'ont lâchement abandonnée à Novare, et n'ont fait que conférer de plus en plus l'investiture à l'occupation autrichienne. La Révolution, c'est le Satan des nations qui les tente pour les perdre. Ce mouvement funeste de propagande républicaine n'a abouti, en définitive, qu'à l'absorption de l'influence française dans l'univers.

. . . .

« Les républicains de Rome étaient, eux aussi, des assassins et des voleurs. On se ferait difficilement une idée des crimes qu'ils ont commis, de l'exécrable tyrannie qu'ils ont fait peser sur leur malheureuse patrie.

« Dans tous les pays, les républicains sont les mêmes.

« Les *héros* de Rome valaient les *héros de février*.

« Comme tous les gens convaincus qu'un pays aussi riche que le nôtre en éléments civilisateurs, n'est pas destiné à devenir la proie des barbares, quel que soit d'ailleurs le nom qu'ils se donnent ; qu'une société aussi fortement organisée que la société française doit voir ses efforts couronnés de succès, lorsque pour se défendre elle se détermine à en faire quelques-uns, nous regardons sans trop nous émouvoir ce qui se passe autour de nous, et quelquefois à travers les larmes qui nous sont arrachées par le spectacle des misères enfantées et du sang répandu par les républicains, il s'échappe de notre poitrine un long et bruyant éclat de rire. Mais si jamais immense éclat de rire a déridé les muscles faciaux d'un individu, c'est sans contredit celui qui souleva la poitrine des gens raisonnables lorsque les journaux, à l'envie l'un de l'autre, embouchèrent les trompettes de la renommée, afin de chanter les louanges des *vainqueurs de février*, ces *héros* homériques, devant lesquels une armée de quatre-vingt mille hommes s'était dispersée. Et que de traits d'héroïsme, de stoïcisme, de valeur chevaleresque, de probité antique, racontés en termes pompeux aux lecteurs émerveillés par les Thucydide à dix centimes la ligne de la presse parisienne!

« Il eût été bon, cependant, quand bien même ce n'eût été que pour faire ombre au tableau si séduisant des vertus si nombreuses des *héros populaires*, de raconter quelque peu les barrières et les gares de chemins de fer incendiées, les ponts détruits, les propriétés dévastées, les presses brisées, les innombrables œuvres artistiques détruites par ces *sublimes vainqueurs!* Oui, cela eût été bon, afin d'apprendre aux braves gens qui laissent faire que ce n'est pas impunément qu'on appelle au combat les hordes sauvages, les coupe-jarrets, les truands qui gissent dans les bas-fonds de la civilisation.

. . . .

« Somme toute, que veulent les républicains?

« *Leur bien premièrement et puis le mal d'autrui.*

. . . .

«Dans une république, les moins violents ne tardent pas à paraître suspects à ceux dont ils n'approuvent pas les débordements, et à être leurs victimes!... On ne saurait trop gémir sur l'aveuglement de certains hommes qui, par leur faiblesse pour le parti révolutionnaire, finissent toujours par payer de leur honneur, de leur repos et de leur vie cette dangereuse complicité. Ainsi, en lisant l'histoire de la Révolution, on ne peut s'empêcher d'avoir pitié de ces bourgeois qui s'associent contre le pouvoir aux anarchistes, qui doivent ne pas tarder à les égorger à leur tour. On voit aussi que les pouvoirs qui sont faibles sont bientôt débordés. Les concessions qu'ils font à leurs ennemis les encouragent au crime, et tout gouvernement qui ne sait résister énergiquement à l'insurrection périra misérablement sous ses coups !... . . . .

. . . .

« Ah ! c'est au nom de la liberté foulée aux pieds, de la vertu crucifiée, de nos églises profanées, des maisons dévastées, c'est au nom de la sainte cause de la société, au nom de nos femmes et de nos enfants égorgés, au nom de la civilisation, au nom de son repos en ce monde et de son salut dans l'autre, que nous supplions le peuple de répudier *l'idée républicaine!*

« Les républicains ont beau faire, ils ne peuvent échapper au jugement de l'histoire. En vain bégaient-ils quelques justifications des doctrines de sang qui, de tous temps, ont été les leurs, la tradition révolutionnaire est rouge à toutes ses pages. En vain disent-ils qu'ils faut pardonner aux scélérats de 93 le mal qu'ils ont fait en vue du bien qu'ils avaient l'intention de faire. Ils mentent quand ils disent que c'est par le crime qu'on peut arriver au triomphe de la justice; ils mentent quand ils disent que les fabricateurs de révolutions n'ont d'autre but que l'amélioration du sort du *pauvre peuple.* Ils mentent, ces hommes sanguinaires, quand ils se prétendent les amis des travailleurs. Les chiffres inexorables sont là. Sous la Terreur, ce ne furent pas les prêtres et les nobles qui furent le plus frappés : il y avait DEUX OUVRIERS sur *trois* victimes!

« Ce n'est pas le Peuple que les révolutionnaires aiment, car lui, ils l'envoient à l'échafaud ; ce n'est pas LE PEUPLE qu'ils aiment, c'est la *Populace*, la *vile multitude.* C'est de cette foule grossière dont ils se font un levier pour renverser les trônes et les autels. Ce n'est pas de l'ouvrier dont ils se servent pour leurs forfaits, c'est du clubiste. Loin de rien faire pour la moralité et le bien-être de l'ouvrier, du peuple laborieux et honnête, ils l'envoient à l'échafaud ; toutes leurs caresses sont aux bandes impures et dégradées.

« Or, cette armée du mal est l'ennemie

mortelle du vrai Peuple, du Peuple qui aime sa famille et croit en Dieu.

C'est sur les cadavres des hommes à la vie travailleuse et honnête, que les ambitieux de la rue élèvent les républiques ! En effet, c'est l'immonde populace qui hurle autour des tombereaux roulant vers la guillotine; c'est elle qui vole, pille, assassine dans les rues et aboie dans les clubs, — ce n'est pas le Peuple. Eh bien ! que le Peuple fasse une guerre à outrance à la populace, aux révolutionnaires ! Ne leur laissons ni trève ni repos. Soyons aussi vigoureux dans la guerre contre le mal, que sympathiques au malheur et à la vertu. Que tous les honnêtes gens, tous ceux qui aiment l'ordre et la liberté, s'opposent à l'invasion des barbares du socialisme ! Repoussons-les sur leur fumier sanglant.

« Vaincre, c'est avancer, disait Frédéric II.

« Ne pas avancer, c'est être vaincu. Si nous laissons les ennemis de la société, de la religion, reprendre haleine, ils reviendront plus forts et plus audacieux au sac de tout ce que les révolutions ont laissé debout.

« Rappelez-vous que la République est du goût de tout ce qu'il y a de plus immoral et de plus turbulent en France.

« L'histoire dit ce qu'ont fait de la liberté ces républicains qui feignent tant d'attachement pour elle.

. . . .

« Un point historique qui mérite d'être éclairci, consiste à déterminer exactement le nombre des personnes que la philanthropie révolutionnaire priva de leurs têtes.

« Un de nos amis a essayé d'établir, à cet égard, la vérité des choses, en s'appuyant sur des documents d'une exactitude incontestable.

« En attendant la publication de ce travail, qui ne sera pas sans intérêt, nous pouvons, du moins, faire connaître les résultats obtenus pour Paris.

« Parmi 2,742 guillotinés à Paris, pour délits révolutionnaires, il y eut 2,398 hommes, 344 femmes; 41 suppliciés avaient *moins de vingt ans;* 102 comptaient de *soixante-dix à quatre-vingts ans;* 11 de *quatre-vingts à quatre-vingt-dix ans;* 1 avait atteint *quatre-vingt-treize ans;* il se nommait Dervilly, il était épicier rue Mouffetard.

« Jusqu'au 8 mai 1793, on exécuta sur la place du Carrousel; une foule de têtes y tombèrent.

« On transporta le *rasoir national* sur la place de la Concorde ; il y fonctionna jusqu'au 5 juin 1794 ; 1,221 personnes y reçurent le coup funeste, parmi lesquelles un soldat invalide, de *quatre-vingts* ans, et un *pauvre* de Bicêtre.

« En concurrence avec la place de la Concorde, on avait établi une autre guillotine place Saint-Antoine; elle joua depuis le 21 mai jusqu'au 13 juin 1794.

« Du 14 juin au 28 juillet 1794, la barrière du Trône fut choisie pour le lieu des supplices; 1,284 exécutions y eurent lieu; en moyenne, *vingt-neuf par jour.*

« On remarquera la progression toujours croissante des supplices ; la chute de Robespierre et de Saint-Just vint interrompre ce redoublement continuel d'activité imprimé à la guillotine, et l'instrument chéri du comité de salut public fut reporté à la place *de la Concorde.* Après s'être rougi de flots de sang innocent, il fit justice *des monstres qui avaient emprunté à l'enfer toutes ses fureurs*, selon l'expression de l'abbé de Lamennais. Les chefs de la Montagne et leurs infâmes sicaires reçurent le châtiment auquel ils avaient tant de droits; 105 périrent en dix-huit jours. Le triangle rentra ensuite dans le repos, mais il est toujours à la disposition des successeurs de la Montagne; ne l'oublions pas, si nous tenons à conserver notre cou intact!

« A côté des exécutions juridiques, il faudrait placer les actes de *la justice du peuple* (style Montagnard de 93 et de 1848), mais ici les documents officiels manquent. On ne saurait déterminer le nombre des victimes de septembre : M. Thiers le fait varier de 10,000 à 12,000; MM. Barrière et Berville le fixent à 12,842; nos recherches nous ont donné la certitude que ces chiffres n'avaient rien d'exagéré ; les écrivains du parti révolutionnaire ont été, pour la plupart, un peu honteux de ces massacres,. et, à grand renfort de mensonges et de faits controuvés, ils ont essayé de réduire à 1,500 ou 2,000 le nombre des gens expédiés par les *travailleurs de Maillard,* comme dit le bon M. Proudhon. Maillard était un ancien huissier qui dirigea cette opération *fraternelle.*

« Notons, en passant, que le jury révolutionnaire avait été composé suivant les principes émis en 1848, par le citoyen Carnot, ministre de l'*ignorance publique;* il était formé de gens pour la plupart très-illettrés. Nous avons vu la minute de l'arrêt rendu contre le duc d'Orléans; il est écrit de la main d'un de ces estimables jurés et orné de fautes de français; on y lit : « Jugement *rendue; paine de mor* contre lui *prononcé.* »

« Il n'est pas nécessaire qu'un fonctionnaire Montagnard sache lire; savoir écrire est évidemment du luxe.

« On sait qu'un mécanicien socialiste de la Champagne vient de confectionner une machine républicaine de son invention, capable de GUILLOTINER DIX MILLE TÊTES A LA MINUTE.

« M. P.-J. Prudhon a encore trouvé ce moyen trop peu expéditif, il a un autre procédé d'extermination universel. Il nous dira quelque jour cet aimable secret. En attendant, voici la déclaration formelle qu'a faite ce citoyen : il affirme qu'il a en réserve contre la société un procédé d'extermination « *qui n'est ni le régicide, ni* « *l'assassinat, ni l'emprisonnement, ni l'in-*

« *cendie, ni le refus du travail, ni l'insurrec-*
« *tion. ni le suicide;* mais quelque chose DE
« PLUS TERRIBLE que tout cela et de PLUS
« EFFICACE. »

« Ceci se trouve textuellement dans l'*Avertissement aux Propriétaires*.

« Bien des personnes se sont évertuées à chercher à deviner quel pouvait être le procédé imaginé par M. P.-J. Prudhon; voici ce que m'a communiqué l'autre jour un vieux bibliophile :

« La première République, la *vraie*, la *bonne*, a eu aussi son Proudhon. C'était un homme dont il est inutile de rappeler le nom odieux et qui, possédé comme son successeur, d'une haine frénétique contre toute idée de religion, de morale et d'ordre social, a passé sa vie à composer des livres plus qu'infâmes. Ces livres, M. P.-J. Proudhon les a pillés; — c'est là qu'il a pris ses blasphèmes furibonds, ses attaques contre Dieu et la propriété, ses outrages à la morale. Le plagiat est formel ; il y a souvent identité entre les phrases.

« Le devancier de M. P.-J. Proudhon introduit, dans un de ses immondes récits, un chimiste sicilien qui a fait usage du poison, du poignard, de l'incendie, et qui, désolé de l'*inefficacité* (comme dit si bien l'ex-représentant de la Seine), désolé de l'*inefficacité* de semblables moyens, invente un procédé pour amener à son gré des tremblements de terre. L'expérience réussit ; des villes entières sont renversées ; des milliers de maisons sont abattues ; plus de cent mille hommes perdent la vie. C'est le triomphe complet, absolu, de l'*idée républicaine.* Soit que l'aimable M. Proudhon ait pris au sérieux l'épisode racontée par l'écrivain qui lui sert de modèle, soit qu'il ait seulement voulu se vanter et effrayer ces propriétaires dont il a juré la perte, il a, selon moi, voulu dire qu'il emploierait contre le genre humain les ressources du tremblement de terre, — moyen plus efficace en effet, et frappant plus en grand que l'assassinat ou l'empoisonnement de quelques individus isolés.

« Puisqu'il s'agit de poison, qu'il me soit permis aussi de parler du panégyrique du poison fait par le *citoyen* Schœlcher, républicain de la veille, siégeant à la Montagne.

« On lit dans un livre de M. Schœlcher sur les *colonies françaises :* — « Le poison « est une force morale; *je le déclare très-« hautement, je me rejouirais* d'avoir trouvé « le poison, et J'EN FERAIS USAGE, etc. »

« Et les républicains disent que nous les calomnions quand nous disons qu'ils sont des assassins!

« Cet hymne en l'honneur de l'arsenic,

qui, comme toutes les autres doctrines socialistes, ne pourrait manquer de trouver des admirateurs au bagne, n'est pas chose nouvelle ; cela se trouve dans les pages horribles où Proudhon, Fourier, Eugène Sue, et autres écrivains du même genre, ont puisé leurs systèmes et leurs idées. Voici comment s'exprimait le premier panégyriste des procédés auxquels l'ex-directeur républicain des colonies a consacré un chapitre : — « C'est une *délicieuse* « chose que le poison ! Que de services il « a rendu ! De combien de *tyrans* il a purgé « la terre ! Si ce suc précieux n'était pas « nécessaire à l'homme, pourquoi la nature « nous l'eût-elle donné ! »

« On peut sans inconvénient citer de pareilles phrases; leur énormité ne peut inspirer d'autre sentiment que celui de l'horreur, et il faut bien démontrer, pièces en mains, que les écrivains *avancés* de la seconde République se bornent à rééditer les exécrables productions que mit au jour la première République, productions qu'ils transcrivent sans avoir la bonne foi d'en citer les auteurs.

« Ces rapprochements *littéraires* sont très-édifiants ; ils me paraissent offrir quelque instruction pour les Peuples.

. . . .

. . . .

« Le *citoyen* ex-abbé Lamennais, représentant du peuple siégeant à la Montagne, a écrit autrefois les lignes suivantes :

« Excepté dans les États très-bornés, « comme dans quelques petits États de la « Suisse, où la démocratie peut se chan- « ger en véritable théocratie, elle dépouille « la nation de toute espèce de droit, soit « divin, soit humain, et c'est pour cela « que lorsqu'elle ne vient pas à la suite de

« l'athéisme, elle l'enfante tôt ou tard.....
« Et voilà pourquoi la démocratie, qu'on
« nous représente comme le terme extrême
« de la liberté, n'est que le dernier excès
« du despotisme. Car, *quelque absolu qu'on*
« *suppose le despotisme d'un seul*, il a pour-
« tant des bornes, *tandis que le despotisme*
« *de tous n'en a pas.* Ainsi, toutes les dé-
« mocraties finissent toujours par un des-
« pote, et après elles, il n'est rien qui ne
« paraisse tolérable à un peuple qui jouit
« enfin de la tranquillité, sous la verge
« d'un prince légitime ou usurpateur.

« Les fonctionnaires publics, dans les
« démocraties, tyrannisent le peuple ou
« sont tyrannisés par lui. Ce gouverne-
« ment ne connaît pas de juste milieu. »

« Il y a tout un monde entre M. l'abbé de Lamennais, auteur de l'*Indifférence en matière de religion* et rédacteur du *Conservateur*, et le *citoyen* Lamennais, représentant du peuple. Pourquoi? — Madame Roland de la Platière, si gaillardement guillotinée par les *démocrates purs* de la première République, s'est chargée de répondre en ces termes à cette question : — « L'homme « qui tient immédiatement du peuple l'au- « torité qu'il exerce sur lui au nom de la « loi, est moins son magistrat qu'il n'est « l'agent forcé de toutes ses passions..... »

. . . .

« Quand une institution est un obstacle au bien-être social et une entrave à la bonne administration d'un pays, on n'a pas à regretter tout ce qui sert à en démontrer l'impossibilité. Sous ce rapport, la République n'a rien laissé à désirer. Si l'expérience n'était pas définitive, si la nation n'avait pas reconnu la nécessité de s'en débarrasser, il faudrait désespérer de son bon sens.

« Nous en appelons à la conscience et à l'intelligence de tous ceux qui ont de la conscience et de l'intelligence.

« Nous en appelons surtout aux catholiques, à ceux qui n'ont pas confiance en la raison humaine, à l'aide de laquelle on n'a de force que pour détruire. »

. . . .
. . . .

XX

Ces extraits de mon livre le font suffisamment connaître. Voici mon crime! Qui donc oserait me blâmer, à cette heure? Tout le monde, sans être poursuivi, a dit tout cela depuis, et moi-même, à chaque instant.

Le 12 octobre 1851, je fus, pour ce livre,

condamné à *cinq années d'emprisonnement*, maximum de la peine, pour *attaques aux institutions républicaines.*

C'était vrai. Il était aussi dirigé contre l'éducation universitaire, contre l'athéisme de l'enseignement officiel (1).

Je me réfugiai en Belgique, pour éviter, en 1852, le massacre possible des prisons.

J'y publiai de nouveau cet ouvrage salué bon et honnête par tous les hommes religieux.

Mais la calomnie avait passé avec moi la frontière. Je fus persécuté par les journaux révolutionaires et par le ministère *libéral*, alors au pouvoir en Belgique (2).

Expulsé violemment de ce pays, je gagnai la Hollande, où je rédigeai, là aussi,

(1) On sait les réformes opérées depuis dans l'enseignement par le gouvernement actuel.

(2) Voir la note première, à la fin de la brochure.

des journaux catholiques et conservateurs, non sans être vilipandé per les feuilles révolutionnaires, qui m'honorèrent de leur rage. Les plumes libérales, les insulteurs de l'héroïque Sunderbund et des Ordres religieux, les fanatiques de Voltaire et de Béranger, de Lisette et de Pigault-Lebrun, les disciples de Michelet, de Quinet, de Robespierre et de Proudhon, les admirateurs d'Eugène Sue et du *Juif errant*, enfin tous les écrivains révolutionnaires ont crevé la poche de fiel qu'ils ont à la place de la conscience, et l'ont répandue contre moi dans les colonnes de leurs journaux faméliques.

Cette puanteur infecte est passée, emportée par le vent de la vérité, qui chasse impétueusement l'erreur, et mes livres sont encore lus, comme des œuvres de bonne foi et de quelque courage, comme la protestation de la morale contre le vice, de la saine raison contre l'imbécillité.

Il ne faut point désespérer, grâce au concours de semblables efforts, tentés par de plus hauts que moi, de voir les vieux *libéraux* de l'Europe rompre enfin, comme les libéraux de la France, avec leurs principes dissolvants. La chose leur sera d'autant plus facile que, dans leurs attaques contre la politique d'ordre, de sagesse et de liberté, contre la politique religieuse de conservation, ces vieux ennemis de l'Église et du catholicisme se sont, pour la plupart, distingués par l'absence absolue de bonne foi. Ainsi, dans ces incessantes attaques dirigées contre ce qu'ils nomment le *parti clérical*, il n'en est pas un seul qui croie sincèrement au *pouvoir occulte*, à la *conspiration des jésuites*, à la *conjuration ultramontaine*, à la *dîme*, à la

C'est ainsi que les *Patriotes* de tous les pays sont les ennemis de leur patrie, de même que les plus grands ennemis de la liberté sont ceux qui se parent du titre de *Libéraux*.

Puissent mes avertissements convertir les ennemis trompés de la société, les radicaux et les libéraux aveugles, — les dupes ; — quant aux autres, rien au monde n'aurait ce privilége, et il faut s'en soucier médiocrement, car il n'est pas de désordre que l'*Amour Éternel* ne tourne contre le principe du mal.

XXI

Tel est le langage que je tenais, en exil, aux peuples chez lesquels je me trouvais réfugié pour avoir *attaqué la Constitution de* 1848, cette constitution républicaine que le coup d'État du 2 décembre 1851 a déchirée, deux mois après l'apparition de mon livre !

Mais je ne murmurais pas. Je disais : « *Que la volonté de Dieu soit faite!* »

Et je continuais à aimer et à défendre la vérité.

Certes, j'ai bien souffert, errant et proscrit, toujours persécuté par les ennemis de l'Église; mais aussi j'ai bien lutté contre l'esprit révolutionnaire, que je connais à fond, et qui ne peut plus me tromper.

L'esprit révolutionnaire a plusieurs façons de se produire dans le monde; mais son but final est toujours le même. Il s'est tour à tour appelé Protestantisme, Philosophie, Franc-Maçonnerie, Illuminisme, Libéralisme, Jacobinisme, Radicalisme, Républicanisme et Socialisme.

Le Socialisme, qui n'est autre que le *Communisme* et l'*Athéisme*, est le dernier mot de la tradition révolutionnaire.

Le socialisme est la machine de guerre

avec laquelle les révolutionnaires battent en brèche les bases de la société : la Famille, la Religion, la Propriété.

Sous l'influence révolutionnaire, l'Europe a été jetée aux bords de l'abîme où peut s'engloutir une civilisation tout entière.

Avant le coup d'État de 1851, que voyait-on?

La pauvre France, plus avancée que toutes les autres nations dans la voie du mal, en était arrivée à la République et à la prédication du socialisme, du brigandage, de l'athéisme, de l'anarchie;

L'Allemagne et l'Italie, travaillées par des sociétés secrètes qui les minent souterrainement;

La Suisse, l'un des arsenaux des conspirateurs contre le repos des peuples, opprimés par le radicalisme;

La Belgique, vouée à un ministère athée et révolutionnaire, à des *libéraux* sans entrailles, penchait vers le gouffre de la République et du socialisme, poussée par ces mains impures.

Que la Belgique y prenne garde! qu'elle songe où l'entraîne ces libéraux, ces universitaires, ces libres penseurs, ces ennemis de la Religion!

Là où on ne respecte pas le Prêtre, on ne respectera bientôt plus ni la Propriété, ni la Royauté, ni les lois, ni la morale!... Là où la Religion est méprisée, la civilisation est en grand péril!...

En cet état lamentable où se trouvait l'Europe chrétienne, je ne suis point resté inactif, et mes faibles travaux ont été salués utiles par la presse catholique.

C'est ainsi que j'ai constamment continué à combattre la Révolution, ici par des livres, là par des journaux dont des sympathies religieuses me confiaient la direction, que la rage des révolutionnaires m'arrachait quelque temps après. C'est ainsi que j'ai vécu sans mettre l'épée dans le fourreau et sans transiger avec le mal; c'est ainsi que j'ai vécu tour à tour en Belgique, en Hollande, en Savoie, en Italie.

Mais que sont mes souffrances comparées à celles de mon Dieu, calomnié, honni, maudit, conspué, trahi, condamné, renié, mis en croix?... Que sont mes afflictions, mes luttes, mes tristesses, comparées à l'agonie et à la sueur de sang du divin Rédempteur, comparées à ses blessures et à sa couronne d'épines?...

Sans murmurer recevons donc de la main des hommes le mépris et le déshonneur, leurs fausses accusations et leurs iniques jugements. Bienheureux les misérables, car, par leurs souffrances, ils participent aux fruits de la croix !...

Les plaies sacrées sont la consolation et le courage des malheureux ; la Passion du Sauveur les fortifie et leur donne la résignation, la patience et l'espoir.

Proscrit pour ma foi catholique, je n'exhalais point de plaintes amères. Je ne dirai pas ici non plus les lieux difficilement parcourus par moi ; je ne dirai pas le soin qu'il m'a fallu prendre pour échapper à mes ennemis de plus d'une sorte ; j'ai tour à tour revêtu plus de vingt déguisements, et j'ai voyagé sous plus de vingt noms ; j'ai dû même changer mon visage.

Condamné par les républicains de la France, persécuté par les *libéraux* de la Belgique et par les protestants de la Hollande, partout j'ai lutté sans faiblesse et sans amener mon pavillon. N'ayant que ma plume pour vivre et faire vivre ma famille, partout, aussi, je dois le dire, j'ai trouvé les populations catholiques sympathiques à mes combats et à mes infortunes courageusement supportées.

Tantôt j'ai cherché un refuge au fond des bois, tantôt sur les bords des rivières, souvent inquiété et poursuivi, jamais découragé, toujours fortifié par la sainteté de ma cause. Je n'envie pas au vulgaire le stérile repos dans lequel se complaît son égoïsme et sa paresse. Et puis, bien d'autres que moi ont expié leur indépendance; d'autres ont promené de terres en terres leurs malheurs; il en est même qui ont mendié un pain mouillé de larmes! Que de cœurs mutilés! que de familles décimées! que d'âmes en deuil! Combien de malheureux, de proscrits, de victimes ont erré sur les rudes chemins! sans compter les rois détrônés, martyrs de la révolution!

Mais ni les fers, ni l'exil, ni l'injustice n'amollissent les mâles courages, et l'infortune n'est un écueil que pour les âmes sans vertu.

Dieu nourrit d'espérance les cœurs qui ont la foi; il leur donne le courage pour les luttes et la résignation dans les misères.

Ces douleurs ont leur majesté, car elles ont leurs périls.

On ne saura jamais l'existence que j'ai menée pendant ces quelques mois d'exil, cependant si préférables à la prison; ce qu'il m'a fallu de prudence et d'adresse, — sans compter la perte de mon pauvre argent, si péniblement gagné et si vite dépensé, — pour échapper à tant de polices, à tant d'ennemis, à tant de piéges!...

Et puis, si j'ai trouvé quelques âmes dévouées, quelques amis fidèles qui m'ont offert un asile et leur cœur, qui m'ont donné quelques jours de paix, je n'ai pas été sans rencontrer des traîtres..... Pour quelques louis, un *ami*, un ancien camarade de collége, a vendu l'une de mes retraites mystérieuses à la police d'un pays inhospitalier Sans une femme compatissante, qui vint à temps m'avertir, j'étais arrêté, emprisonné, peut-être bien même rendu à la République française, ou encore assassiné.....

Je ne dirai pas le nom du traître, — il a une mère !...

Et pourtant, si je m'étais rapproché d'une des frontières de ma patrie pour y rentrer, c'était pour embrasser mon enfant malade et pour aller prier sur la tombe de ma mère, — et le Judas le savait!

Je lui pardonne et lui souhaite une probité plus haute, un meilleur cœur.

Au reste, il n'a pas réussi à me livrer à

mes ennemis, et bientôt ce fut du pied des Alpes que j'envoyai mes manuscrits en Belgique.

XXII

J'eus bien d'autres ardentes luttes à supporter; j'eus à lutter avec l'ingratitude, avec la trahison, avec la calomnie, avec la lâche hypocrisie.

Le coup d'État libérateur vint me surprendre en exil. Je l'accueillis en bon Français, en chrétien, heureux de la défaite des anarchistes et de la chute de la République.

Mon livre se trouvait justifié, en partie, et traduit en faits.

Mais la liberté ! me disait-on. Certes, la liberté est une belle chose, c'est un bien précieux ; il est seulement dommage qu'elle dégénère si souvent en licence. Et puis, il est un bien qui passe avant la liberté même, c'est la sécurité. La sécurité est le premier besoin de toute société.

D'ailleurs, en France, on parle très-bien de la liberté, mais on s'en sert fort mal ; et, somme toute, on y tient bien peu.

Quand on ne l'a pas, on la rêve à pleine âme ; dès qu'on la possède, on l'avilit et la souille. On oublie trop que si la liberté est l'exercice d'un droit, c'est surtout l'accomplissement d'un devoir. Et alors, que voit-on, à la fin de ces secousses ? La démagogie promenant sa tyrannie débraillée sur le monde.

Comme chrétien, j'applaudis au coup d'État, car c'était une garantie pour l'Église contre les exécrables menaces des anarchistes pour 1852. Et puis, comment ne l'avouerai-je pas ? L'article de M. Louis Veuillot, dans l'*Univers* du 15 janvier 1852, *sur l'attitude des légitimistes sous le nouveau régime*, m'avait frappé, qui commençait ainsi :

« Vous me faites l'honneur de me demander, mon cher Comte, comment je comprends l'attitude des légitimistes sous le nouveau régime. Permettez-moi de vous répondre publiquement, pour donner satisfaction à plusieurs de vos amis et des nôtres qui m'ont adressé la même question. Je veux vous parler en toute sincérité, comme un chrétien à un chrétien. Écoutez-moi de même.

« Tout ce qui se fait contre les pratiques, contre les doctrines et les institutions révolutionnaires, de quelque façon qu'on s'y prenne, et quelque nom qu'on y mette, tout cela est bon. L'acte du 2 décembre est contre-révolutionnaire, vous y devez applaudir. Il vous place dans une position infiniment plus avantageuse et plus forte que celle où vous étiez ; vous pouvez, dans le régime qu'il a créé, servir votre pays de la manière la plus honorable et la plus efficace, sans blesser aucunement vos convictions. Voilà ce que je veux établir. »

. . . .

Nulle part je n'ai trouvé d'argumentation plus forte que celle de ce premier de nos publicistes, et je regrette de ne pouvoir lui faire ici un emprunt plus long.

Après donc l'acte contre-révolutionnaire du 2 décembre, auquel devaient ap plaudir tous les chrétiens, tous ceux qui, en dehors des partis, veulent la paix et la sécurité, tous ceux pour qui le meilleur gouvernement est celui qui laisse l'Église libre et forte, des amis m'écrivirent alors, de Paris, pour m'engager à formuler une demande au Libérateur de la patrie; je le fis; ils me répondirent d'accourir; j'obéis à cette tendresse imprudente, ne soupçonnant pas que des ennemis iraient s'embusquer contre moi jusque dans la justice du souverain.

Je vins donc secrètement à Paris, au mois de mai 1852, pour faire quelques démarches. J'étais rentré à travers les plus grands périls; à Paris, une cachette mystérieuse m'avait été ménagée dans le noble faubourg Saint-Germain, quartier de l'aristocratie, par conséquent tranquille et comme il faut.

C'était une petite chambre secrète, louée

depuis la révolution de 1848, par un ami, sous un faux nom. Là , quelques hommes dévoués aux principes anti-républicains, se réunissaient jadis pour conjurer les malheurs que la démagogie nous préparait pour 1852, et dont la main de Napoléon nous a préservés.

C'était une pièce modeste, située au premier étage; les deux fenêtres donnaient sur un jardin mystérieux. On y pénétrait au moyen d'une clef qui servait en même temps de passe-partout pour une porte d'entrée donnant sur la rue.

Cette porte était toujours close; il n'y avait pas de concierge. Pour pénétrer, il fallait non-seulement avoir la clef, mais encore savoir le secret de la porte; il s'agissait de pousser, de certaine façon, certain bouton en cuivre placé dans certain coin du mur.

En entrant dans cette cellule, on trouvait, à droite, le lit et une table chargée de mes papiers, — de ceux de mes manuscrits que la trahison n'a pas indignement volés, — puis des fauteuils ; à gauche, la cheminée, les fenêtres, un guéridon surmonté d'une statuette représentant la très-Sainte-Vierge. Sur la cheminée, une méchante glace, au coin de laquelle un Christ et les portraits de Sa Sainteté Pie IX et de Sa Majesté le roi de Naples, un prince chrétien.

Cette chétive et pauvre demeure était bien celle d'un proscrit et d'un poëte. Tout y respirait une vie laborieuse et agitée. Les livres étaient épars sur la cheminée, entre autres le saint Évangile, notre loi, et l'*Imitation de Notre Seigneur Jésus-Christ*, — ouvrage si précieux, surtout dans l'infortune.

Hélas! plus pauvre et plus chétive encore est la cellule dans laquelle ces lignes sont écrites! Petite chambre meublée par une table de chêne et peu de chaises, — un pauvre lit, avec une couverture et des draps sur lesquels sont écrits ce mot: *Prison.* Un lit! des draps! luxe immense ici, longtemps inconnu aux prisonniers, qui le doivent à madame la duchesse de Berry et à madame la duchesse d'Angoulême. Après saint Vincent de Paul, ce sont ces deux princesses qui ont fait le plus pour les pauvres prisonniers.

. . . .

Au mur, un crucifix. Hors cette image de résignation et de miséricorde, ma cellule est froide et triste, surtout sombre. Elle ressemble à la salle d'attente de la mort, à l'antichambre du tombeau. La fenêtre élevée est garnie d'énormes barreaux de fer, avec un soin prévoyant. Les voleurs n'y pourraient pénétrer, et les journalistes n'en pourraient sortir.

Un rayon de soleil y pénètre, mais si mince qu'il semble être une ironie.

XXIII

Dans la chambre du faubourg Saint-Germain, je ne recevais que très-peu d'amis; c'en fut assez pour qu'il y eût un traître; car j'y fus arrêté le 1er juin 1852, au moment où, les démarches n'aboutissant pas, et réclamé par le journal que je dirigeais à l'étranger, j'allais partir de nouveau loin de ma patrie, loin du tombeau de ma mère, loin des caresses de mon enfant.

— « C'est une dame qui vous a vendu, » me dirent les deux personnes chargées de m'arrêter. »

Vilain rôle, surtout pour une femme.

Dieu lui pardonne!

Une autre femme m'avait sauvé en Belgique.

Dieu la bénisse!

C'est ainsi que je fus incarcéré, en vertu du jugement du 8 octobre 1851, et voici plus de dix-huit mois que je suis en prison!.....

En exil, j'avais écrit l'*Histoire des sociétés secrètes*; en prison, j'écrivis l'*Histoire de Sa Sainteté Pie IX*, qui vient de paraître; l'*Histoire de saint Vincent de Paul*, qui est sous presse, et plusieurs autres ouvrages importants, entr'autres le *rationalisme et la doctrine catholique.*

Ce fut inutile. En vain écrivis-je pour expliquer ma situation (1). La calomnie contre moi est plus forte que la justice, elle a touché les plus nobles âmes.

Cette épreuve qui m'accable est lamentable; elle est cruelle; mais je la supporte avec courage, soutenu par la foi, et c'est là l'enseignement qu'il convient de tirer de ces lignes écrites dans un cachot. Je bénis l'autorité qui me frappe, trompée qu'elle est sur mon compte; je prie pour ceux qui me gardent; je prie cet Être tout-puissant qui nous forma tous, Être infini, Être adorable, dont l'amour éternel nous soutient et nous conserve.

Je l'écrivais hier : *Des fers immérités, qu'importe! Qu'importe au disciple d'un Dieu*

(1) Voir la note 2 à la fin de la brochure.

couronné d'épines, flagellé, insulté, mis en croix? Ce n'est pas la victime innocente qui est responsable, et ses souffrances lui seront comptées; ce sont des épreuves!

Un fonctionnaire public le disait en parlant de moi : — « *S'il est vraiment chrétien, qu'il bénisse ses fers!* »

Vousavez raison, monsieur, je les bénis.

Ceci me rappelle involontairement Julien l'Apostat, qui trouvait des mots si *spirituels* en torturant les chrétiens.

En les dépouillant, il disait par dérision, que c'était *pour les ramener à la perfection de leur état, et leur faire pratiquer la pauvreté évangélique.*

Il les excluait de toutes les magistratures, sous prétexte que l'*Évangile leur défend de faire usage du glaive*; il les privait de tous les droits qu'on osait leur disputer, et il ne leur permettait même pas de se défendre devant les tribunaux : « — *Votre Religion*, leur disait-il, *vous interdit les procès et les querelles.* »

Il fit défense aux chrétiens d'enseigner les lettres humaines, parce qu'il savait qu'elles sont utiles pour confondre l'erreur et pour défendre la vérité; il donnait pour raison, *que les chrétiens devaient demeurer dans l'ignorance et croire sans raisonner.*

On sait comment finit Julien l'Apostat.

XXIV

Voilà à peu près tout ce que j'avais à dire sur ce sujet. Maintenant, que des insinuations malveillantes, que des confidences calomnieuses et des accusations perfides circulent encore contre moi, je ne répondrai plus. Je ne veux pas m'inquiéter davantage de ces rumeurs viles ; la honte en retombera tôt ou tard sur ceux qui les fomentent. Car, tel est le résultat définitif de ces déloyales attaques dirigées contre la probité et la vertu, elles meurent comme elles ont vécu, dans la fange. Les manœuvres pour tromper l'opinion publique sur mon caractère n'auront point toujours le succès qu'on en attend.

Enfin, il est des accusations tellement viles et méprisables, qu'on ne peut y répondre sans dégrader son caractère. Pour ceux qui vous connaissent, une vie privée sans reproche ; pour tous les actes publics, les écrits, les pensées, les principes rendent suffisamment témoignage.

Après cela, il convient de se réfugier dans la majesté d'un silence inviolable.

XXV

En résumé :

J'ai quitté la République parce que je suis redevenu chrétien; parce que la République universitaire et théorique m'avait séduit et que la République pratique et logique m'a profondément indigné.

Ils ont dit que je m'étais *vendu* à la réaction; je me suis donné. Vendu! vous en voyez le profit! La calomnie, l'injustice et la prison.

Désormais j'ai voué ma plume à la défense de notre sainte mère l'Église, et si j'espère présentement quelque chose ici bas, c'est la triste faveur de voir commuer ma peine en *bannissement;* car je trouverai l'espérance et le repos partout où il y aura un prêtre, partout où il y aura une croix!

Le soldat emporte avec lui son épée, et l'écrivain sa plume.

Eh bien! dans ma misère, du fond de ma prison comme dans mon exil, je parlerai encore aux peuples. Je les mettrai en garde contre l'*idée révolutionnaire;* jusqu'à ma dernière heure, je combattrai la hideuse démagogie.

Qu'on me bannisse comme je le demande,

et dans tous les pays où il y aura une imprimerie, je ferai entendre ma voix libre!

CHARLES MARCHAL,

Détenu politique à Sainte-Pélagie, pour *attaque aux institutions républicaines,* par la voie de la presse.

Paris, janvier 1854.

NOTE 1re.

Dès que mon ouvrage, *Fin de la République*, parut à Bruxelles, les diables du libéralisme et du radicalisme entrèrent en fureur contre moi. Je fis suivre ce livre de celui-ci : *Restauration*, qui fut réimprimé sous ce titre : *Le Salut de la France* en 1852 ; avec cette préface, qui donnera une idée des attaques dont je fus l'objet :

LE SALUT DE LA FRANCE EN 1852, PRÉFACE DE L'ÉDITION BELGE.

I

L'ouvrage qui paraît à Bruxelles sous ce titre : *Le Salut de la France en* 1852, a été publié à Paris, il y a quelques mois, sous le titre de *Restauration*, qui exprime absolument la même pensée ; car il est évident que la France ne peut être sauvée des périls que lui préparent, pour 1852, la Révolution et l'Athéisme, que par une Restauration catholique et monarchique.

Ce travail faisait suite à l'ouvrage *Fin de la République*, qui m'a valu, comme chacun sait, une ondamnation qui m'honore infiniment. Dans une préface datée de Bruxelles, j'ai expliqué, il y a quelques jours, les motifs qui m'avaient engagé à venir en Belgique.

Lorsque mon ouvrage, *Fin de la République*, parut ici, le *Journal de Bruxelles* (1) voulut bien publier les lignes suivantes :

« Il y a quelques jours que parut, en France, un livre intitulé : *Fin de la République*. Cet ouvrage, *quoique écrit dans le meilleur esprit*, fut saisi, et son auteur, M. Marchal, fut condamné par la cour d'assises de la Seine, à *cinq années* d'emprisonnement. Cette publication, augmentée d'une préface inédite, est sous presse et paraîtra demain chez M. A. Gœmære, libraire-éditeur, à Bruxelles. *Nous recommandons à nos lecteurs ce travail plein d'intérêt et d'actualité.* »

A propos de cet article bienveillant, un journal de Bruxelles, l'*Indépendance*, publia contre moi un article tout rempli des diffamations les plus atroces, des mensonges les plus impudents. Le *Journal de Bruxelles* répondit, à la date du 23 octobre 1851, par l'article suivant :

« Il est impossible que l'*Indépendance* s'imagine que nous prenions au sérieux la querelle d'Allemand qu'elle nous fait à propos de la brochure *Fin de la République*. Nous avons recommandé cet opuscule, *et nous le recommandons encore*, certain que la lecture en plaira à tous ceux qui n'aiment pas le régime républicain. On voit combien nous faisons peu de cas de l'étrange indignation de ce journal.

« L'*Indépendance* se trompe grossièrement si elle croit nous embarrasser, lorsqu'elle nous dit que nous avons souvent reproché à des feuilles *li-*

(1) Organe des intérêts catholiques.

bérales les emprunts qu'elles faisaient à des ouvrages français, et qu'elle prétend trouver aujourd'hui une contradiction dans notre conduite, parce que nous avons parlé de la *Fin de la République*.

« Notre maladroit adversaire sait bien pourquoi nos reproches étaient encourus : ce n'est certes pas pour avoir fait des emprunts à des ouvrages tels que celui dont il est question ici.

« Si, par supposition, M. Proudhon, l'auteur de l'inqualifiable axiome *la Propriété c'est le vol*, publiait une brochure telle que la *Fin de la République,* nous la recommanderions davantage encore, à cause du rôle que ce Montagnard a joué dans les commotions politiques de la France ; nous n'avons pas, en effet, à nous occuper ici de l'auteur de la *Fin de la République*, mais uniquement de son ouvrage.

« A peine cette brochure avait-elle été mise en vente à Paris, que mille exemplaires furent enlevés à l'instant, et des milliers d'autres auraient été placés incontinent, si la police n'avait pas saisi l'écrit. Que l'*Indépendance* note bien que les acheteurs si empressés de la brochure n'étaient pas des républicains. Nous souhaitons, n'en déplaise à ce journal, le même succès à l'édition de Bruxelles. »

A mon tour, je vais faire quelques lignes de réponse. Je pourrais, fouillant dans la vie *industrielle* de certains de ceux qui ont rédigé ou dicté contre moi des articles sans loyauté, donner de ces Français, que le manque de probité, et non la politique, a obligés à s'expatrier, une idée exacte et bien misérable au peuple belge. Je pourrais citer les noms de gens qui ont crié — *Vive l'Indépendance! Vive la République!* dans les poches d'autrui ; mais je m'abstiens d'entrer dans ces détails qui soulèvent les cœurs délicats.

Je dirai seulement ceci :

Il y a longtemps que, dans mon pays, je suis en butte aux outrages, aux calomnies implacables et lâches du parti révolutionnaire.

Je ne m'en préoccupe plus. Je continue ma route sur la voie de la vérité, à travers ces calomnies, comme le voyageur à travers la boue.

Les révolutionnaires m'ont tour à tour appelé *renégat*, *vendu*, *voleur*, *mouchard*, *jésuite*, et même *assassin*. J'ai fini, d'après les conseils des hommes les plus honorables, par ne plus descendre à me justifier. Mais ici, au sein de cette population qui ne me connaît pas, mon devoir est, une fois pour toutes, de répondre aux fils de Voltaire.

Je suis un pécheur converti, j'ai le courage de le dire : je suis un révolutionnaire devenu catholique.

Comme tant d'autres, j'ai d'abord, grâce à l'abominable éducation universitaire, frayé les routes de l'erreur ; mais, du jour où j'ai divorcé avec elle, je l'ai fait publiquement, au grand jour, dédaigneux de conserver une fausse et méprisable popularité acquise au prix de l'iniquité.

Depuis, j'ai combattu dans le camp catholique et royaliste, avec une énergie à laquelle certains de mes adversairesont eux-mêmes rendu témoignage, et je puis le dire, avec succès. Depuis tantôt trois ans, je suis sur la brèche, aimant le peuple, l'éclairant, le moralisant, lui prêchant la vertu, la paix, l'obéissance, le respect de l'autorité, le détachement de la République qui le ruine et du Socialisme qui le damne.

Interrompu par une condamnation rigoureuse, due surtout à mes attaques contre l'Université, j'étais venu demander l'hospitalité à ce peuple généreux, à ce peuple sage qui, en 1848, a donné un exemple de profonde raison, en n'imitant pas la France et en repoussant la poignée de démocrates, de repris de justice, qui voulaient, comme à Paris, lui imposer la République.

J'étais venu ici pour me livrer tout entier à des travaux sérieux, non pour être un objet de scandale, non pour occuper de ma personne l'opinion publique. Désormais, je ne répondrai plus que par ma vie et par mes œuvres à toutes ces attaques sans bonne foi, à ces insulteurs publics, qui s'engraissent de réputations égorgées. Qu'on le sache bien : ce que les philosophes, les Voltairiens, les universitaires attaquent en moi, ce n'est pas le républicain converti, ce n'est pas l'homme accusé par les révolutionnaires et reconnu innocent par la justice; non : ce qu'ils attaquent en moi, c'est l'écrivain catholique. J'en suis bien trop honoré pour m'en plaindre; leurs éloges me seraient une flétrissure déshonorante; leurs outrages sont la meilleure des recommandations auprès des honnêtes gens.

II

On pourrait croire que j'ai payé les outrages du journal dont j'ai parlé plus haut, journal rédigé par des matérialistes, par des industriels dans le sens le plus abject du mot.

J'affirme sur l'honneur qu'il n'en est rien.

Ces gens-là sont connus depuis longtemps; ils ont les mains avides et l'âme pourrie; ce sont de ces marchands que Jésus, mon Dieu, chassa du Temple.

Le lendemain du jour où ils avaient attaqué ma personne par les mensonges les plus effroyables, et où ils avaient flétri mon livre, s'appuyant sur une condamnation appliquée par des révolutionnaires, par des ennemis de l'Église, par des universitaires, leurs pareils, le lendemain même, ils annonçaient ce livre *pour de l'argent*.

Que les honnêtes gens jugent, par ce seul fait, de la moralité de ces Messieurs!

En France, lorsque j'avais l'honneur de rédiger en chef un journal politique quotidien, je n'aurais souffert à aucun prix que ma feuille fût déshonorée par l'annonce d'un ouvrage que mon devoir m'obligeait à blâmer.

Les journalistes qui se respectent font ainsi.

Les autres, les *spéculateurs*, les *faiseurs*, agissent différemment; ils annoncent tout pour de l'argent; pour de l'argent, ils publient tout; ils font tout dans un intérét de lucre.

C'est ainsi que, en France, les deux journaux les plus importants du parti *universitaire* et *libéral*, le *Journal des Débats* et le *Constitutionnel*, ont publié dans leurs feuilletons des ouvrages immoraux, athées, socialistes, républicains, propres à dépraver le peuple, et qui n'ont pas peu contribué à précipiter ma malheureuse patrie dans l'état d'athéisme et de désorganisation sociale dans laquelle elle est tombée. C'est ainsi encore que le journal l'*Ordre*, journal trahissant son titre, car il n'y a pas d'ordre sans religion, donne en prime à ses abonnés des ouvrages infâmes, écrits contre la religion, la famille, la propriété.

Ils ne sont pas chrétiens, ces négociants éhontés, ces spéculateurs de scandale, qui n'ont qu'un idéal au monde, *s'enrichir à tout prix*.

Ils ne sont pas chrétiens, aussi sont-ils sortis de la voie catholique; aussi ont-ils rompu avec l'Eglise, dont le joug gênait leurs sales passions.

III

Un journal républicain de Bruxelles, qui s'appelle la *Nation*, s'est également occupé de moi, et, au nom de certains réfugiés démocrates rejetés du sol belge (1), a demandé que l'hospitalité me ût également refusée. Il s'est écrié, dans un élan de patriotisme excessif, que *me conserver en Belgique, c'était une provocation à la France républicaine*.

La France, heureusement, n'est point aussi républicaine que fait semblant de le penser ce journal démocrate.

Dans un article qui n'a pas moins de trois hautes colonnes, on lit des choses comme celles-ci :

(1) Le journal la *Nation* sait parfaitement qu'on n'expulse pas les démocrates en Belgique. MM. Considérant et Etienne Arago ont l'autorisation d'y demeurer; hier, dans la galerie Saint-Hubert, j'ai rencontré M. Félix Pyat.

— « Que si le gouvernement reste sourd aux avertissements que nous lui donnons, ainsi qu'aux allusions menaçantes qui lui arrivent de par delà la frontière du Midi, c'est aux bons citoyens, c'est aux hommes intelligents et impartiaux de tous les partis, pourvu qu'ils ne fassent pas aussi bon marché que le gouvernement de l'avenir de notre jeune nationalité, que nous dénoncerons comme à jamais déplorable, comme tout ce qu'il y a de méprisant pour nos plus chers intérêts nationaux, les actes commis par une police, misérable instrument de tous les conspirateurs monarchiques de l'Europe.

« La France démocratique n'a pas oublié comment la Belgique ouvrait les deux bras aux hommes de la dernière maison royale de France, aux Duchâtel, aux Hébert, aux Guizot, etc., tandis que M. Hody (1) commençait à traquer en bête fauve chaque réfugié démocrate. Croit-on que le rapprochement des nouvelles expulsions de démocrates français avec l'hospitalité accordée au même moment à l'auteur de *Fin de la République*, et à la publication de ses *odieuses attaques au gouvernement de son pays*, — soit fait pour nous valoir les sympathies ou le respect de la France?

« La France *républicaine* ne fera-t-elle point ce raisonnement, auquel nous n'avons malheureusement rien à opposer, sinon les protestations non écoutées du peuple belge, savoir : qu'en Belgique, le nom de démocrate est désormais une cause de proscription, ainsi que dans le nom et les haines de monarchiste se trouvent les seuls titres à la protection et aux faveurs de l'hospitalité belge?

« C'est ce rapprochement qui nous condamne,

(1) Alors chef de la police à Bruxelles.

en nous constituant en état *d'hostilité flagrante* envers la France républicaine. »

La digne feuille cite avec indignation les lignes suivantes, qu'elle emprunte à ma préface datée de Bruxelles :

« Escorté par des hommes du peuple intrépides et dévoués, catholiques et royalistes, puis confié à l'amitié d'un vénérable coreligionnaire, j'ai pu franchir la frontière belge.

« En m'éloignant de la France, je n'ai point obéi à la crainte de la prison. Si, pour la cause que j'ai l'honneur de servir, il eût été utile que je subisse ce nouveau martyre, je n'aurais point hésité. Mais les hommes forts du catholicisme m'ont dit : *Retire-toi et va combattre ailleurs.* »

Ce journal ajoute que, pour avoir été condamné pour attaque à la République, je ne suis qu'un affreux *repris de justice,* et il continue, en faisant allusion à la citation qui précède :

« Le gouvernement belge ne s'est-il pas mis dans des conditions telles, que la publication du sieur Marchal, envoyé par les catholiques et les royalistes français pour combattre d'ici la République, *a aujourd'hui tout le caractère d'une guerre honteuse déclarée par la Belgique à la France?* » *(Sic.)*

C'est en vain qu'après avoir demandé mon expulsion, ce bon journal dit qu'il veut que l'auteur de : *Fin de la République*, jouisse *de tous les droits de la liberté et de l'hospitalité belge.* J'ai été invité à me retirer.

« Le nommé Charles-Félix Marchal, condamné à cinq années d'emprisonnement le 8 octobre 1851, par la cour d'assises de la Seine, et qui s'était réfugié en Belgique pour se soustraire à cette condamnation, a reçu, le 24 octobre, l'ordre de quitter le pays. Il est l'auteur de l'ouvrage qui a pour titre : *Fin de la République.* »

« Cette manière déloyale de s'exprimer en parlant d'un homme qui, dans son pays, N'A JAMAIS ENCOURU D'AUTRE CONDAMNATION QUE DES CONDAMNATIONS POUR DÉLITS DE PRESSE, sera, à n'en pas douter, jugée dégoûtante par tous les hommes impartiaux.

« Pour moi, je n'ajouterai rien ; je pars, et dussent les plumigères de l'athéisme et de la révolution me salir encore de leur boue immonde, je déclare encore une fois que *je vais combattre ailleurs pour la* RELIGION *et le* principe monarchique.

« CHARLES MARCHAL.

« Bruxelles, le 30 octobre 1851. »

Les mêmes attaques m'ayant suivi en Hollande, où je fus appelé pour diriger un journal catholique, le *Courrier de la Meuse,* je fus contraint de publier une brochure, intitulée : *Réponse aux calomnies,* que nous fîmes vendre au profit des pauvres.

En voici quelques extraits : mon adversaire était un révolutionnaire *libéral,* un séide de l'*Indépendance belge* :

« La calomnie s'acharne après moi. Et moi

(1) Le journal la *Nation,* après m'avoir dénoncé, a fait suivre cet article des lignes suivantes :

« Si cette nouvelle est vraie, notre premier mot doit être de protester au nom de la liberté, comme nous l'avons fait cent fois. »

Cette gracieuseté est une mauvaise plaisanterie.

aussi, je puis m'écrier : « *La calomnie! j'ai vu les plus honnêtes gens près d'en être accablés !*

« Mais je suis de ceux qu'elle fortifie, non de ceux qu'elle décourage. Je marcherai intrépidement dans le sentier que je me suis tracé. — Ma vie est une protestation ardente contre les faits de la Rélution.

« De la décision prise à mon égard par le ministère libéral et athée qui domine en Belgique, et pousse ce pays au radicalisme et au socialisme, avec la complicité de lord Palmerston, et des calomnies débitées contre moi par les journaux révolutionnaires de ce pays, j'en ai appelé au peuple belge, à ce peuple catholique et peu républicain. — Il m'a répondu en donnant un succès inouï à mes deux derniers ouvrages : huit éditions en moins de quinze jours.

« Proscrit, je suis plus libre que les autres hommes, que ceux qui, dans mon pays, sont retenus dans les fers de la République.

« Ma cause est trop belle pour me plaindre du martyre ; j'ai défendu la vérité ; j'ai prêché la liberté aux opprimés de la République, le catholicisme aux esclaves du scepticisme et du péché.

« Mes concitoyens souffrent ; ils sont misérables, pressurés, haletants, accablés dans la détresse la plus horrible, plongés dans la plus funeste anarchie et ne sachant comment en sortir, courbés sous le plus odieux avilissement. Le crime m'a honni....... mais la vertu m'a écouté et applaudi.
« Cela me suffit.

A ma voix, les courages se sont raffermis ! — N'est-ce pas une consolation que la douceur d'avoir été suivi dans mon exil par les sympathies des bons?

« Les cœurs aimés n'ont pas reculé devant le dévouement le plus absolu. — Ils m'ont accompagné jusqu'au pied de ce calvaire où je monte sans rougir. . . . .

. . . .

« Le propriétaire du *Courrier de la Meuse* m'a appelé auprès de lui pour diriger son excellent journal; — je lui étais recommandé par d'honorables ecclésiastiques et par un prélat de la Belgique, de même que j'avais été recommandé à ceux-là par des ecclésiastiques français. — Ce fut un vénérable prêtre, M. le curé de Drosménil, qui me conduisit lui-même en Belgique.

Là, je fus suivi par les calomnies odieuses que le parti révolutionnaire produit contre moi depuis que je l'ai abandonné. Ces calomnies n'empêchèrent point les honnêtes gens de me tendre la main, et Dieu sait qu'ils n'eurent point et n'auront jamais à s'en repentir! . . . .

. . . .

. . . .

« La réimpression de l'ouvrage, *Fin de la République*, fit, en Belgique, la même sensation que son apparition avait faite en France; j'y rencontrai les mêmes sympathies et les mêmes adversaires. Je fus attaqué par les journaux *libéraux* et *républicains* de la Belgique.

« Ils le firent d'une manière ignoble et lâche, comme l'a fait leur confrère en miniature de Maëstricht, c'est-à-dire en puisant leurs calomnies dans les accusations fausses des révolutionnaires, mes ennemis, des hommes de ce parti que j'ai abandonné et flétri, et qui, *pour ces motifs,* avaient soif d'une vengeance atroce.

« Je dis dans les *accusations fausses*, car elles ont toutes été solennellement reconnues telles par mes juges.

« A vous, *vrais catholiques*, qui savez avec quelle abominable effronterie ces journaux accusent les personnes les plus honorables, les familles les plus chrétiennes, les membres du clergé les plus éminents, les plus illustres, cette conduite ne vous semblera point étrange..... Oui, catholiques, vous pouvez lire ces infamies dans les journaux athées, dans le journal républicain la *Nation*, dans l'*Indépendance*, feuille anti-catholique et blasphématoire, dans les *Débats*, auxquels la France doit en grande partie le renvoi des R. P. jésuites! Et vous ne croiriez pas qu'on peut avoir inventé des mensonges contre un écrivain qui gêne tant ce parti abominable, qu'il poursuit journellement avec toute la force de sa conviction!

« Catholiques! hommes de bien! mes ennemis sont les vôtres!...

« Où est le journal honnête, où est le journal de bons principes qui contienne une seule accusation contre moi?

« Ces accusations ne m'ont pas empêché d'être accueilli par tous les hommes considérables de mon pays, et de travailler à plusieurs journaux catholiques, au contraire; et ceci n'a pas peu contribué à exaspérer mes ennemis.

« Oui, on m'appelait *mouchard, agent des jésuites, voleur, assassin,* et les plus honnêtes gens me saluaient comme l'un des défenseurs sincères et dévoués de l'éternelle vérité!...

« J'aurais pu, comme je l'avais fait autrefois, poursuivre ces journaux honteux à cause de leurs calomnies, que l'impuissant *Méphistophélès* de Maëstricht réédite contre moi, je ne l'ai point fait, on l'a vu, d'après les conseils d'un homme droit, d'un jurisconsulte éminent, défenseur de mon innocence». . . . .

. . . .

Après avoir reproduit la préface de l'édition belge du *Salut de la France en* 1852, qu'on a pu lire au commencement de la présente note, j'ajoutais :

« La brochure dont on vient de lire la préface, parut à Bruxelles, à la *Librairie catholique* de M. de Mortier; une affiche fut placardée sur les murs par toute la Belgique; cette affiche, qui fut reproduite par le *Journal de Bruxelles*, dans son numéro du 25 *décembre* 1851, et par tous les autres journaux catholiques du pays, etc., etc.

« Il est impossible que les rédacteurs de l'*Indépendance* et de la *Nation* n'aient pas lu la moindre brochure. Hé bien ! ils n'ont rien répondu. — Ce fut par l'impuissance; ils ne pouvaient pas répondre.

« J'aurais imprimé la flétrissure sur leurs fronts déshonorés, non pas avec des calomnies, mais les *preuves en mains*.

. . . .

. . . .

« Je suis, en effet, venu combattre ailleurs, à Maëstricht.

« Voici quelques jours que j'aidais mes collaborateurs à lutter pour la bonne cause, lorsqu'un journal, dans la crainte de la concurrence, et sentant qu'il lui était impossible d'entamer avec nous une guerre sur le terrain des principes, se jeta sur celui des personnalités.

« L'honorable propriétaire du *Courrier de la Meuse*, publia de suite les lignes suivantes :

« Le propriétaire du *Courrier de la Meuse* ne souffrira pas que son journal soit un champ clos sali par des personnalités. Il s'abstiendra donc de répondre à un article paru hier, dans lequel on ramasse contre notre rédacteur en chef des attaques odieuses dans la boue du journalisme révolutionnaire. Ce rédacteur, qui a déjà répondu à ces attaques en Belgique, prépare une brochure à ce sujet, qui paraîtra dans quelques jours, le *Courrier de la Meuse* n'ayant pas été fondé pour ces luttes.

« Le directeur du *Courrier de la Meuse* doit à la justice méconnue et à la vérité outragée, de dire que M. Marchal lui a été recommandé par plusieurs membres du clergé belge, qui n'ignoraient pas les calomnies dont il avait été l'objet, et n'en continuent pas moins à l'honorer de leur bienveillante protection.

« Pour ce qui est du journal en lui-même, il se défend suffisamment par ses principes, et c'est ainsi qu'il a le droit de continuer sa route dans le chemin de la vérité, sans s'arrêter à la fange qu'il rencontre sous ses pas. »

« Ces paroles sont nobles et dignes.—Elles honorent celui qui les a spontanément prononcées. Son journal est une œuvre de dévouement et de courage, il ne veut point en faire un objet de scandale ; il a raison.

« Pour moi, j'ai cru devoir publier cette petite brochure, afin que les honnêtes gens fussent bien persuadés que je suis un lutteur sincère et loyal, — un honnête homme calomnié !

Il me serait facile d'en dire plus long et de renvoyer la balle impure qui m'est lancée. — Je ne le ferai pas. — La modération inhérente à la force et la charité m'en font également un devoir. — J'ai seulement le droit de dire que la calomnie, arme des lâches, est un glaive émoussé désormais contre moi. Les méchants seuls croient à la calomnie, et leur estime me flétrirait. Quant aux bons, je leur donnerai toujours des explications qui ne sauraient trouver place ici, et je leur dirai : — Écoutez-moi, regardez-moi vivre, voyez-moi combattre ! »

. . . .

. . . .

NOTE 2e.

AU PRINCE LOUIS-NAPOLÉON BONAPARTE.

Monseignéur,

Persuadé que votre gouvernement réparateur sait encourager les hommes d'ordre et que sa protection leur est acquise partout où ils se trouvent, c'est avec confiance que je viens de nouveau vous exposer la demande suivante :

. . . .

. . . .

. . . .

Je suis venu à Paris, confiant dans ces antécédents et surtout dans les bonnes paroles que vous avez daigné adresser à M. le comte de.. .., quand, il y a quelques semaines, il a eu l'honneur de vous remettre la demande que j'avais envoyée de l'exil.

J'ai été arrêté au moment où je me disposais à reprendre la route de l'exil, où j'allais attendre respectueusement votre décision souveraine en luttant encore avec une plume, avec mon cœur, pour la politique chrétienne.

Seul soutien d'une famille intéressante, j'espère toujours qu'au nom des quelques services que j'ai été assez heureux pour rendre à la cause de la société, et surtout au nom des souffrances des miens, qui n'ont que moi pour appui, vous daignerez jeter un regard de compassion et de justice sur ma douleur et tendre une main généreuse à mon infortune. . . . .

Que si vous croyez ne pouvoir me rendre la liberté en France, du moins, Monseigneur, ayez l'humanité de commuer la peine d'emprisonnement qui pèse sur moi en celle du bannissement, afin que je puisse aller encore combattre pour la vérité à l'étranger et gagner le pain de mon enfant.

Prince, c'est au chrétien autant qu'au souverain que je m'adresse, et j'ai l'espoir que ma voix sera entendue et une famille consolée, sauvée par vous.

Veuillez agréer, etc.

C. Marchal,

A Sainte-Pélagie, le 5 juin 1852.

A SA MAJESTÉ NAPOLÉON III, EMPEREUR DES FRANÇAIS.

Sire,

On m'écrit dans ma prison que Votre Majesté veut inaugurer son règne par un grand acte de clémence . . . .

. . . .

Enfin, je lis aujourd'hui dans le *Moniteur* une note communiquée, dans laquelle il est dit :

« Tous ceux qui souffrent des suites de nos malheureux désordres civils seront rendus à la liberté, à leur famille, à leur patrie, sans autre condition que de se soumettre à la volonté nationale, si clairement manifestée dans le dernier scrutin, et de prendre l'engagement de ne rien faire désormais contre le gouvernement de l'Elu du pays. »

Je prends pour mon compte, Sire, cet engagement . . . .

. . . . Il en coûte peu à l'auteur de l'*Empire devant l'Europe* de jurer de respecter votre gouvernement, etc., etc.

Agréez,

Sire, etc.

C. MARCHAL.

Conciergerie, 10 décembre 1850.

A MONSIEUR LE DIRECTEUR DES AFFAIRES CRIMINELLES ET DES GRACES, AU MINISTÈRE DE LA JUSTICE, A PARIS.

Monsieur,

On me dit que vous avez sauvé plusieurs familles par votre généreuse intervention, que vous avez rendu leurs chefs à ces familles éplorées, que vous avez arraché plusieurs infortunés à la prison, à la misère, au désespoir et à la mort. . . .

. . . .

C'est donc avec confiance, que je viens m'adresser à votre humanité, vous conjurant de vous intéresser à mon infortune, aussi amère qu'imméritée.

En vous demandant pitié, je ne fais que vous demander justice ; car j'ai droit, par ma constance au sein des épreuves et ma persévérance dans le bien, par tout ce que j'ai écrit en ces derniers temps, à autant de commisération qu'on m'en accorde peu. Il serait trop long d'entrer dans des détails ; je me bornerai à avoir l'honneur de vous rappeler que j'ai été condamné à cinq ans de prison, en 1851, le 12 octobre, pour attaques *envers la Constitution de* 1848, deux mois après renversée et déchirée par ce gouvernement libérateur.

Le livre *Fin de la République,* voilà mon crime !.. Et je n'en ai pas commis d'autre. Aussi, avec quelle confiance, après le coup d'État, je me rendis dans ma patrie ! Comme j'ai cru aux paroles qu'on m'envoyait en exil : — « Le prince « Napoléon a reçu votre pétition avec son affabilité « ordinaire, et il a dit, en parlant de votre vieille « mère et de votre jeune enfant : — Qu'ils ne « pleurent pas. »

Hélas ! vous savez le reste. Jeté en prison, au mépris des services les plus dévoués, des promesses et des assurances les plus formelles, loin d'en conserver, que dis-je ? d'en concevoir de l'aigreur, j'ai continué à aimer, à bénir, à défendre l'autorité. Et pourtant ! que de grands coupables rendus à la liberté ! que d'incorrigibles relaxés ! Tel, qui fut amnistié sous mes yeux, la veille encore attaquait le gouvernement par moi contre lui défendu, sans succès mais non sans courage... Quelle tristesse cela met dans l'âme ! et quel découragement, si l'on n'était chrétien ! Mais, je l'ai juré : quoi qu'on fasse, l'on ne fera pas de moi un ennemi de ce gouvernement providentiel. Seulement, je souffre doublement dans mes fers, avec la conviction que c'est lui qui les rive. Il est plus douloureux au cœur le coup dont vous frappe une main chérie ! Hélas ! pourquoi ce gouvernement si bon, si généreux pour les autres, laisse-t-il mes suppliques sans réponse ? C'est qu'on l'a trompé sur mon compte ; c'est que, entre sa justice et mon infortune, se sont glissés des imposteurs, des calomniateurs, des méchants.... Ah ! Monsieur, comment n'aurais-je pas d'ennemis, après douze ans de journalisme, après surtout avoir quitté les hommes de désordre et d'iniquité pour défendre impétueusement les sacrés principes?..... On objecte, m'a-t-on dit, contre moi, certaines mauvaises notes qui se seraient glissées charitablement dans mon dossier. Mais je les récuse ; je les récuse, fort de ma conscience, sans même avoir besoin de les connaître ; et il est d'une justice scrupuleuse de se mettre en défiance contre toutes ces insinuations perfides et sans preuves.

J'ai été, jadis, il est vrai, impliqué dans une affaire malheureuse, que me suscitèrent mes ennemis politiques, qui sont les vôtres ; j'en suis sorti triomphant, couvert par le jury d'un verdict unanime. Est-ce un crime? Fallait-il mieux que je fusse condamné? Ah ! si cela eût été possible, l'on n'eût pas manqué de le faire, j'en atteste l'acharnement qu'on a mis après moi depuis! — Et, en supposant même, qu'au mépris de mon innocence publiquement et solennellement proclamée, cette affaire, à laquelle j'étais, quoiqu'on en puisse dire, étranger, en supposant qu'elle jetât sur mon dossier une défaveur, ne serait-il pas équitable de mettre en regard les services assez nombreux que j'ai eu le bonheur de rendre au parti de l'ordre ?

Ces services, je puis en parler, fort heureusement, preuves en mains; et ce sera un jour ma justification devant l'Europe, si ce ne peut être mon salut aux yeux du gouvernement de mon pays. Depuis que j'ai quitté le parti républicain, au milieu des outrages, des calomnies et des injustices, j'ai constamment été sur la brèche, toujours militant, toujours au feu, exposé toujours et ne me plaignant jamais. On méconnaît mon caractère et mon énergie, comme à plaisir, aujourd'hui, mais il fut un temps où l'on ne trouvait pas d'applaudissements trop vifs pour le rédacteur de l'*Ami du Peuple*.

J'ai fait mon œuvre ; c'est au moins ma consolation, la seule qui me reste, et qu'on ne m'enlèvera pas.

Je n'ai pas écrit une seule ligne contre l'Empereur; j'ai souvent combattu pour lui. J'ai encore les preuves de cela. Après la condamnation de *Fin de la République*, j'allai chercher un refuge à l'étranger. Lorsque j'appris la nouvelle du coup d'État qui sauvait la France, et peut-être bien même la civilisation chrétienne en Europe, je l'applaudis spontanément, volontairement, dans le journal catholique et conservateur dont j'étais alors le rédacteur en chef.

Et depuis, dans cette prison d'où je vous écris ces lignes lamentables, qu'ai-je fait? — J'ai publié, dans la presse étrangère et des départements, une foule d'articles conservateurs ; j'ai publié la brochure *l'Empire devant l'Europe*, et les plus hauts personnages m'ont écrit pour m'applaudir et m'encourager. Hélas ! j'y semblais prévoir mon sort, car j'y disais à l'Empereur : — « Oui, nous serons vos soldats et *au besoin vos martyrs* ! ! ! »

J'en suis là. Je ne m'amoindrirais pas par des plaintes, et j'accepterais ces nouvelles épreuves, patient et résigné, comme un dernier châtiment de mes vieux péchés philosophiques, si je n'avais une famille qui ne vit que par moi, et que ma longue détention réduirait à la dernière extrémité.

Dans cette situation, je viens vous supplier, Monsieur, d'être assez bon pour me tenir en quelque commisération.

Je ne réclame pas la liberté dans mon pays, si l'on m'y croit dangereux, malgré les nombreux gages que j'ai donnés et que je fournis encore tous les jours du contraire, je vous conjure seulement de faire commuer la peine de l'emprisonnement qui me frappe, et par moi toute ma famille, en celle du *bannissement*.

J'irai alors à l'étranger, pour servir encore, pour défendre encore et chérir toujours le gouvernement qui nous a rendu l'ordre et la paix.

Telle est toute mon ambition, tel est le seul vœu de mon pauvre cœur mutilé.

Croyez bien, Monsieur, que vous n'aurez point obligé, que dis-je? sauvé, un vil ingrat. Je m'appliquerai à toute heure de ma vie à vous prouver ma reconnaissance par mes actes, et une famille de plus bénira votre nom et priera Dieu pour vous et les vôtres.

Agréez, Monsieur, l'hommage des sentiments de profond respect,

Avec lesquels j'ai l'honneur d'être,

Votre très-humble et très-obéissant serviteur,

C. MARCHAL,

Détenu politique, pour délit de presse *non périodique*, à la Conciergerie.

Paris, le 10 avril 1853,

AU MÊME.

Monsieur,

. . . .
. . . .

Vous avez dit que *je n'avais pas fait la moitié de mon temps*. Hélas! ce n'est que trop vrai. Permettez-moi, toutefois, de vous rappeler que cette règle n'a jamais été observée pour les détenus politiques, dans aucun temps, surtout quand ces détenus adhèrent, comme moi, au gouvernement de leur pays, et par leurs écrits, même en prison, lui donnent des gages certains. Et quand, au lieu de la liberté, ils n'implorent que l'amère faveur de l'exil, quand ils ne demandent qu'à changer de douleur, la chose me semble, avec quelque pitié, bien plus facile encore! Cette habitude de ne s'occuper de la grâce des condamnés que quand ils ont subi la moitié de leur peine, n'est pas même une règle absolue vis-à-vis des condamnés ordinaires; je pourrais vous citer plusieurs cas, et me contenterai de vous rappeler qu'il y a quelques mois, entre autres, un Monsieur ***, condamné à dix-huit mois d'emprisonnement pour . . . . par la police correctionnelle, et confirmé en cour d'appel, fut gracié, alors qu'il avait fait à peine trois mois. Trois sur dix-huit, ce n'est pas la moitié.

Je n'ai certes pas la prétention de dicter vos résolutions, mais seulement d'implorer votre humanité; le gouvernement est parfaitement dans son droit de relaxer Paul avant la moitié de son temps et de garder Pierre jusqu'à l'expiration du sien; je voulais seulement rappeler à votre souvenir que l'année que je viens de passer en prison est, à la rigueur, et si vous le voulez, suffisante pour apaiser les mânes de la République.

La République! voilà mon ennemie, non ce gouvernement que j'honore. Je n'ai attaqué que cette forme de gouvernement; mon délit a cessé d'exister le jour où elle a été abolie; je l'avais ainsi jugé en exil, ainsi que M. M*** et tous mes amis; c'est pourquoi je suis revenu, plein de confiance en la justice et la magnanimité du gouvernement. Aujourd'hui, je ne lui demande qu'à être replacé dans la position que j'occupais; elle était dure, mais enfin ma famille avait du pain.

. . . .

Si, au lieu de publier l'ouvrage *Fin de la République* dans une brochure, je l'eusse publié dans un journal, je serais libre, grâce à l'amnistie que l'on vient de donner pour les délits commis par la voie de la presse *périodique*. C'est donc parce que mon œuvre a été pliée en huit au lieu d'être pliée en quatre, que je reste en prison ! Et pourtant, s'il y a délit, il est bien autrement grand dans un journal qui se tire à un très-grand nombre d'exemplaires, et se répand le jour même dans toute l'Europe, que dans une brochure toujours saisie avant qu'elle ait pu se propager. . . .

. . . .

Ah ! daignez y songer encore ! Plié en *deux* ou même en *quatre*, mon œuvre ne me retiendrait plus en prison, pliez en huit elle continue à être un crime ! . . . .

. . . .

Je me permets de vous les rappeler, ces paroles du *Moniteur* du 8 octobre 1852 :

« L'Empereur a voulu inaugurer son règne par des bienfaits et des actes de clémence. Les classes souffrantes ont été le premier objet de sa sollicitude; mais tout en s'occupant des pauvres, des malades, des enfants abandonnés, S. M. exerçait son droit de grâce dans des proportions aussi larges que le permettent l'autorité des lois et la sécurité publique. Remise était faite de la prison et de l'amende à tous les condamnés pour simples délits et contraventions; aux soldats et matelots, des punitions encourues pour fautes contre la discipline; aux déserteurs et aux insoumis des armées de terre et de mer, des châtiments qui les attendaient.

« Les condamnés et les exilés politiques ne pouvaient rester en dehors des dispositions bienveillantes de Sa Majesté; une note insérée au *Moniteur* du 2 décembre ne laissait sur ce point aucun doute.

« A l'exception des hommes qui se sont rendus coupables de ces crimes que toute morale réprouve, *tous ceux* qui souffrent des suites de nos malheureuses discordes civiles seront rendus à la liberté, à leurs familles, à leur patrie, sans autre condition que de se soumettre à la volonté nationale, si clairement manifestée dans le dernier scrutin et de prendre l'engagement de ne rien faire désormais contre le gouvernement de l'Elu du pays.

« *L'Empereur ne veut rien exiger de plus*, et le bon sens ainsi que les nécessités sociales disent assez qu'il est impossible de demander moins. Le vœu le plus cher de S. M. est de voir effacées jusqu'aux traces de nos anciennes divisions : elle ne garde du passé que le souvenir des services rendus. Il ne tiendra pas au Prince, que la patrie vient de couronner, qu'elle soit plus longtemps séparée d'aucun de ses enfants. »

Et pourtant, monsieur, ...

. . . .

. . . .

. . . .

. . . .

. . . .

. . . .

. . . .

Certes, l'exil a ses douleurs, mais au moins on y voit le soleil du bon Dieu et l'on peut y presser sur son cœur ceux qu'on aime et aller avec eux

s'agenouiller dans les temples, afin de prier le ciel pour la patrie absente! . . . .
. . . .

Agréez, etc.,

C. MARCHAL,

Détenu politique pour délit de presse *non périodique* (attaque aux *institutions républicaines*).

Conciergerie, Paris, ce 21 avril 1853.

A SON EXCELLENCE MONSIEUR LE MINISTRE DE LA JUSTICE.

Sainte-Pélagie, décembre 1853.

Monsieur le Ministre,

J'ai l'honneur de renouveler à Votre Excellence la prière que je lui adressée déjà, pour que la peine de l'emprisonnement qui me frappe soit commuée en celle du bannissement, ce que les misérables assassins qui ont comploté contre la vie de Sa Majesté viennent d'obtenir hier de leurs juges. . . . .
. . . .
.et j'ai l'honneur de rappeler à Votre Excellence, que voici *dix-neuf mois* que je souffre en prison!

Daignez agréer, etc.

C. MARCHAL,

Détenu politique à Sainte-Pélagie, etc.

J'ai eu également l'honneur d'écrire plusieurs fois à M. Piétri, préfet de Police, que j'ai constamment trouvé pour moi d'une bienveillance et d'une justice qui me touchent d'autant plus profondément, que j'y suis moins habitué, et qu'elle contraste d'une façon toute chrétienne avec l'implacable cruauté de certains bureaucrates.

EXTRAITS.

Monsieur le Préfet,

. . . .

Vous avez eu la bonté de me permettre de rester à la Conciergerie, et je vous en suis on ne peut plus reconnaissant. Toutefois, on me le fait payer bien cher. Je ne me plains pas, cependant, cherchant ma force et mon courage dans la résignation chrétienne et le travail. Néanmoins, malgré mon désir de supporter sans mot dire cette condamnation aussi dure qu'elle est imméritée, malgré ma ferme résolution de n'exhaler aucune plainte contre ce gouvernement réparateur; que j'honore, en dépit de l'infortune qui m'accable, je viens. .

. . . .

. . . .

Depuis dix-sept mois que je subis la peine de l'emprisonnement, pour avoir attaqué la Constitution de 1848, je n'ai rien fait, ni par parole, ni par écrit, qui puisse faire supposer au gouvernement que je lui sois hostile..... bien au contraire; mon livre l'*Empire devant l'Europe*, et d'autres publications, attestent mon attachement au gouvernement et prouvent que ma condamnation ne m'a pas fait chérir cette constitution qu'il était alors un crime d'attaquer, qu'il serait un crime aujourd'hui de défendre.

. . . .

. . . .

Pardonnez-moi, Monsieur le Préfet, si je me suis permis de vous importuner de moi, c'est bien à mon corps défendant; je sais qu'il ne suffit pas que le malheur soit immérité, il faut qu'il soit résigné et silencieux.

Daignez agréer, etc.

Monsieur le Préfet,

Excusez-moi et daignez me lire. C'est une pauvre âme affligée, blessée aux endroits les plus douloureux, qui vient implorer de vous la continuation d'une bienveillance passée dont le souvenir lui sera éternel.

Depuis ces longs et nombreux mois que je passe en prison, pour expier plutôt des haines et des calomnies soulevées qu'une attaque à une constitution détestée, j'ai toujours trouvé en vous un cœur compatissant, une autorité telle que la comprennent les hommes religieux, c'est-à-dire paternelle et miséricordieuse dans sa force. C'est ainsi que j'ai été placé par vous à la Conciergerie, dans une situation relativement bonne, car elle me permettait de travailler à des ouvrages honnêtes et sérieux, avec lesquels je soutenais les miens, — pauvres âmes qui n'ont plus de larmes tant elles en ont versé depuis ces quinze jours qu'on me torture et m'outrage comme à plaisir, en votre nom vénéré. . . . .

. . . .

. . . .

Tout à coup, je ne sais quelle haine jalouse s'allume contre ce pâle bonheur de la prison. .

. . . .

J'écrirai quelque part cette torture, et quand vous la lirez, votre bon cœur sera touché qu'on ait pu, sous vous, agir ainsi envers un malheureux écrivain calomnié, déjà si rudement frappé. .

. . . .

Mes travaux commencés sont devenus impossibles; ma vie morale est brisée; je serais devenu insensé, sans la résignation du chrétien et sans ma confiance absolue en vous, mais en *vous seul*; car je connais l'immense différence qui existe entre votre sollicitude et la sévérité passionnée qui se blesse sans qu'on s'en doute et qui peut ensuite devenir implacable sans qu'on ait cependant rien fait pour le mériter.

Je m'adresse à vous, non à ceux qui prennent volontiers la responsabilité de la rigueur, rarement celle de l'indulgence. Ah! Monsieur! la prison est déjà bien assez dure par elle-même, et toujours ce poids est humiliant sur la pensée et la dignité de l'âme!

. . . .

J'attendrai encore, Monsieur le Préfet, et merci d'avance du nouvel acte de justice et de bonté que j'ai l'honneur de solliciter de vous avec une entière confiance.

Daignez agréer, etc.,

C. Marchal.

On voit, par ces extraits, que j'ai eu, même sous le froid et lourd manteau de la prison, bien des tribulations. Je le répète, j'ai trouvé justice auprès de Monsieur le Préfet de Police, et c'est grâce à sa bonté que je puis écrire en paix ces lignes dans une cellule de Sainte-Pélagie.

J'y continue mes travaux, en prévenant que je n'occuperai plus le public que d'eux seuls, décidé à ne plus répondre aux calomnies, et je répète de tout cœur cette sublime prière de l'Église :

« N'oubliez pas, mon Dieu, vos ennemis et les miens, ayez pitié de tous les infidèles, des hérétiques, et de tous les pécheurs. Comblez de bénédictions ceux qui me persécutent, et me pardonnez mes péchés comme je leur pardonne tout le mal qu'ils me font, ou qu'ils voudraient me faire. Ainsi soit-il. »

C. Marchal.

Paris, janvier 1854.

FIN.

www.ingramcontent.com/pod-product-compliance
Ingram Content Group UK Ltd.
Pitfield, Milton Keynes, MK11 3LW, UK
UKHW021054230726
13926UKWH00004B/1840

9 782019 137007